何が教育思想と呼ばれるのか
——共存在と超越性

Was Heißt Pädagogische Denken ?:
Mitsein und Transzendenz

東京大学教授
田中智志
TANAKA Satoshi

一藝社

はしがき

いわゆる「知覚」は、私たちの身体が外から何かを受け容れることです。その受け容れたものは、大脳で意識されます。たとえば「赤い」「暑い」「痛い」「うるさい」「いい香り」「甘い」などなど。こうした意識内容は、一般に、身体が受け容れたものと同じもの、と見なされています。

しかし、実際に私たちが意識する内容と、身体が受容したことは、かならずしも一致しないのです。見間違い、聞き間違いなどは、よくあることですが、そうした間違いだけでなく、私たちの意識は、身体の受容したことを、かなり縮小し選別して象《かたど》っています。たとえば、「わざ」「直観」「暗黙知」などは、意識内容を超えたことを私たちの身体が受容していることを暗示しています。

私は、意識を超えて身体が何かを受け容れることを「感受」と呼び、人はつねに「感受性の広がり」のなかで生きている、と考えています。そして、私たちの意識は、その広がりの一部を言葉で象り、社会的に通用するものとして意味づけている、と考えています。

このような感受性の広がりは、はっきりと意味づけられませんし、したがって価値づけられませんが、私たちの「生」の大前提です。「生き生きと生きる」ことは、通常、喜びと結びつけられていますが、つきつめていえば、この感受性の広がりによって可能になる状態である、といえると思います。そうであるとすれば、私たちのさまざまな活動や概念は重層的である、と考えられます。すなわち、意味・価値として語られる実体論的位相と、そうではない位相が、重なっている、と。前者の実体的位相が、ふつうに意識されているものごとの位相で、後者の語りがたい位相が、意識を超えるものごとの位相です。私は、この位相を「存在論的」と形容したいと思います。

たとえば、個人が意図して担う「責任」は、実体論的位相にありますが、「応答可能性」は、個人の意図を超えた存在論的位相にあります。また、個人が意図して抱く「願い」は、実体論的位相にありますが、「祈り」は、個人の意図を超えた存在論的位相にあります。

私たちの生きている社会は、おもに実体論的位相において営まれていますが、根底的に存在論的位相に支えられています。にもかかわらず、往々にして、この存在論的位相は、軽視、看過されてしまいます。それは、つまるところ、生き生きと生きることを軽視し看過することではないでしょうか。

私たちの多くは、学校教育によって、人を「個人」や「能力」に切り詰めることで、ますます存在論的位相から遠ざかっています。そのため、口では「人と人をつなぐ愛は大切です」と言いながらも、内心ではそんなものは絵空事にすぎないと諦め軽侮しています。そのため、コミュニケーションのたびに孤立、疑念、諦念は深まり、仕方なくマスメディアが量産し繁茂させる「お笑い」や「感動もの」で、憂さを晴らしたり、「批判」「批評」と称して他人を誹謗中傷し、優越感に浸ったりします。

そんなことをしなくても、私たちはすでに、他者、生きもの、自然を感受する感受性の広がりのなかで生きていますし、したがって生き生きと生きる力を秘めています。そうした、ともに生きるベクトルが、いのちの本態ではないでしょうか。そして、この共存在のベクトルのなかでこそ、私たち一人ひとりにとって、もっとも大切な、密やかなるテロスが見つかるだろうし、そのように「よりよく生きようとする」力の行先、超越性を想像できるようになるだろう、と考えています。

目次

〈凡例〉

1 書誌情報については、本文中では略記し、巻末の〈文献〉に詳細を記した。

2 書誌情報の略記は、著者名、発行年、頁の順に記し、翻訳がある場合には、［］のなかに、邦訳著者名、発行年、頁を記した。

3 ただし、全集、著作集などについては、著者名（姓）、全集などの略号、巻、著作の略号、頁の順で記し、翻訳がある場合には、［］のなかに、邦訳著者名（姓）、全集などの略号、巻、頁を記した。

4 略号の意味については、巻末の〈文献〉に示した。

5 聖書からの引用は、「新共同訳」を参照させていただいたが、基本的に私訳である。引用個所については、およそ通例の略称を用い、章、節の数字を示した。

6 外国人の人名については、初出にかぎり、カタカナ表記のあとに（　）内に原つづりを、また故人については生没年を記した。

7 存在論的な意味で「存在」という言葉を使う場合、「」を付して用いた。

序論　現代の教育思想はどこへ

Introducation: Where Contemporary Educational Thoughts Go to?

§「格差」言説に隠されて

「経済格差」（「所得格差」）、またそれから派生しているだろう「教育格差」「結婚格差」などが問題視されているが、こうした議論に対し、「経済格差は拡大していない」と論じる人もいる。「中流意識はむしろ増加している」と。どちらの論者もエビデンスを挙げて、自説を展開する。こうした議論は、たしかに対立しているが、どちらも「（大きな）格差はあってはならない」という考え方を前提としている点で一致している。その「格差」をめぐり、どの程度の「格差」が「大きな格差」なのか、国際比較などを行い、あれこれと詮索・議論することもできるだろう。

しかし、この格差問題については、考えるべきであるにもかかわらず、考えられていないことがある。それは、「(大きな)格差はあってはならない」という考え方が、近代に生まれた「平等」の概念にもとづいていることである。それは、人はみんな個人で、同等の努力をすれば、およそ同等の成果が得られ、およそ同等の報酬が与えられる――大雑把にいえば、こんな「平等」の観念だろう。たとえば、家庭の経済資本や文化資本の違いが、子どもの学力や学歴に与える影響の大きさが問題になるのも、こうした「平等」の観念が前提にされているからである。「格差」を「理不尽」と意識する閾値《いきち》が上がろうが下がろうが、「格差」がどんなリスク――同胞意識の衰退、凶悪犯罪の増加――をはらんでいようが、またどんな可能性――社会の活性化、努力の鼓舞宣揚――をふくんでいようが、議論の前提となっているのは、この近代的な「平等」の観念である。

この近代的な「平等」の観念によって隠されてしまうものがある。それは、前近代の「平等」の観念である。「平等」という日本語は、遅くとも平安時代からあるが、それは、近現代日本の「平等」とは異なる意味をもっていた。近現代日本の「平等」は、およそ「同等」である。それは、英語の equality、フランス語の equalité の翻訳語である。どちらも、個人と個人の「同等(対等)」の関係を形容する言葉である。これに対し、日本古来の「平等」は、河波昌によれば、人だけでなく山川草木の一切にわたり、人が限りなく近しさを感じることである(河波 二〇〇三:一二三-三五)。つまり、近代的な「平等」の観念を前提にすることで、私たちは、私たちが創りだす意味世界を矮小化し、かつその矮小化したという事実を看過するという、二重の頽落状態を生きることになるだろう。

同じことは、近現代的な「平等」と不可分な「自由」、そして「愛」についても、いえるだろう。「自由」は「個人の意志・行動の自由」、すなわち「恣意の自由」につながるそれに矮小化されていないだろうか。また「愛」は「恋愛・情愛・友愛」、すなわち欲望・感情としてのそれに縮減されていないだろうか。いい方を変えれば、私たちは、近代的な意味・価値の地平、しかも矮小化されたそれらの地平のうえで、かまびすしく論争をしているだけで、その地平を問わず、そうした論争そのものが自分たちの思考を貧しくしていることに気づいていないのではないか、と。

とりわけ、私たちの思考を矮小化し貧困化していると思われるのが、私たちの、「人」そして「教育」についての考え方である。それは、たとえば、現代の教育政策に、はっきりというわけではないだろうが、反映されているのではないだろうか。

§ 教育の私事化と「自己」の肥大化

たとえば、現代日本の教育政策は、充分な公的な財政支援を得ていない。OECDの報告書（*Education at a Glance 2016*）によれば、二〇一三年の日本のGDPに占める教育機関への公的支出の割合は三・二％である。これは、比較可能な三三カ国のなかで三二位である。OECD加盟国の平均値は四・五％である。もっとも高いのはノルウェーで六・二％、次がデンマークの六・一％。イギリスが五・二％、アメリカが四・二％である（『教育新聞』二〇一六年九月一六日、またOECD 2016）。

こうした教育への公的支出の少なさが暗示していることは、教育政策にかかわる人が教育をなかば私事と見なし、そして日本社会にそうした考え方が広がっている、ということだろう。一九八〇年代以降、「ポストモダン」の風潮とともに、また臨時教育審議会が提案した「教育の自由化」すなわち「教育の市場化」が進行するとともに、そうした傾向は加速されていったといえるだろう。なるほど、現在も、日本の学校教育は、おもに公的資金で運営されているが、他のOECD加盟国に比べるなら、日本の教育機関に対する支出の多くは、私費負担でまかなわれている。初等教育段階から高等教育段階までの教育支出に占める私費負担の割合は、日本の場合、二八％であるが、ＯＥＣＤ平均は、それよりはるかに低く、一六％である（OECD 2016）。たしかに、教育主体（学校）に対しては、法的規制による管理が行われるが、教育の私費負担、つまり学習主体（個人）が、どんな学習支援をどんな規模でどんな費用をかけて行うかは、まったくの私事であり、個人の自由である。

こうした教育の私事化傾向は、たしかに教育政策論における教育の考え方の大きな変化といえるだろうが、それだけだろうか。なるほど、明治期以来、日本の教育政策は、教育を、一定の理念をかかげつつ、「公的な（公の）もの」として位置づけてきた。もちろん、今でも「公教育」は、日本の初等中等教育の主流であるが、その「威信」（「正統性」）は、一九八〇年代以降、ずいぶんと縮小されてきたように思う。そうした事態は、「教員の権威の低落」としてあらわれ、さまざまに議論されてきた。しかし、たとえば、「子どもの変容」「学級崩壊」「親の消費者意識」といった表現に象徴される、当時の教育論議が示していたのは、むしろ大人の在りようの変化であり、それへの違和感である。すなわち、何らかの重しがなくなった状態、端的にいえば、「自己（エゴ）」の肥大化への違和感である。教育の私事化の背景には、それに先行し、「自己」の肥大化の広がりがあった。

こうした教育の私事化も「自己」の肥大化も、おそらく、同一の社会構造変容の二つの側面を背景とした現象といえるだろう。単純化していえば、教育の私事化は、機能的秩序の相対的拡大によって公共性形成が阻害されることであり、「自己」の肥大化は、位階的秩序の相対的衰退によって人びとの孤立化が帰結することである。まず、後者から確認してみよう。

§肥大する自己と規則随順の規則形骸化

「自己」の肥大化（「エゴイズム」の拡大）は、「絶対神」のような包摂的権威の衰退が生みだした多様な言動様態である。それは、これまで「個人化」「群衆化」「世俗化」「原子化」といわれてきた長期にわたる歴史的現象の、いわば「ささえあい・もたれあい」から「よるべなさ・よそよそしさ」へという動勢の一端である。「自己」の肥大化は、たとえば、著者に「あ、なるほど」と思わせるような「批評」ではなく、「批判」と称する自己顕示欲まみれの誹謗・否定であるが、そうした現象は、なるほど個人の人格の問題でもあるが、背景を考えれば、現代社会の構造変容の効果でもある。すなわち、位階的秩序の相対的衰退であり、機能的秩序の相対的拡大である。

こうした社会構造の変化のなかで、人と人の関係は、「機能」（利益・権能・栄誉を生みだす働き）という観点から意味づけ価値づけられ、人を形容する言葉は、「能力」「資格」「学歴」「優劣」などになる。人の主要な価値が、「有用性（有能さ）」、「使えること・役に立つこと」になる。それは、人が「他者を感じるひと」として見られなくなる、ということである。コミュニケーションは、事態を制御し、自分の意思を保全し、自分の目的を実現するための、手段に還元される。かけがえのないものが、孤立した「私」の「自己」に見いだされ、「自己実現」「自己表現」が喧伝される。

このように、有用性が人の価値の基準となるとともに、この肥大した「自己」を抑制する規則が綿密化され、その規則への随順が厳正に要求され、運用手順が精緻化される。こうして、教育現場についていえば、一点刻みの合否判定の基準が当然のように設定され、それが規範化される。こうした規則随順、法令遵守への圧力は、日々の活動から、ハンドルの遊びのような「冗長性」を排除する。ささいなミスを飲み込む度量、「まあ、ええやないか」といったゆるさが全否定される。またその圧力は、私たちの仕事から「臨機応変」を奪い去る。即断即決し、事態の変化に相応する応答力が失われる。「公正」という言葉は、近年、この規則随順、法令遵守と同義に用いられているように思う。

こうした規則随順への傾きの最大の問題は、規則に従うことで規則を形骸化するというパラドクスを広めることである。規則に従うことは、本来、規則が仕える高次の目的に向かうための手段である。その高次の目的は、人が人として〈よりよく生きようとする〉ことにひとしいが、しばしば規則に記されていない。たとえば、諸法規の法である「憲法」には、それが「幸福」「自由」などの言葉で記されているが、個々の法規には書かれていない。生活習慣もそうである。たとえば、「修道院規則」のような謹厳な生活習慣は、それ自体が目的なのではなく、そうすることで邪念・俗念を払い、通念の意味・価値を超えた、「信」すなわち〈よりよく生きようとする〉力を見いだすことを目的としている。そうした高次の目的を見失うとき、人は規則随順性に堕ちる。夢を抱いていた努力家が守銭奴に堕するように（この高次の目的は、本論では「テロス」と呼ばれ、吟味されるはずである）。

§ 公共善と公共倫理

機能的秩序の相対的拡大はまた、公共善の形成を阻害する。さかのぼっていえば、「共和国」と訳すのが通例である republic（リパブリック）は、もともと res publica（レス・プブリカ）というラテン語に由来する。この res publica は「みんなの・もの」「公共の・もの」である。この言葉は、「公共のもの」だから大切にするべきであるという考え方に支えられている。この考え方は、「自分のもの」だから大切にするという考え方から、はっきり区別される。「公共のもの」は、だれもが使えるものであるが、だれにも帰属しないもの、だれのものでもないものである。たとえば、自然、すなわち大地、海洋などは、勝手に線を引いて「自分のもの」にされてしまっているが、本来「公共のもの」である。こうした「公共のもの」を「自分のもの」にすることは、その定義からして、許されない。

この公共のものないし「公共善」を構成する「みんな」は、レス・プブリカを論じたキケロやアウグスティヌス（『神の国』）にとっては、人間だけだったが、人間をふくめた、少なくともすべての生きもの、そしてできるかぎり自然全体に拡大されるべきである。一匹の子猫、一輪の薔薇、一個の細胞ですら、人間が誇る創造力や強いる所有権をはるかに超えて豊穣だからであり、人は、この豊穣に満ちた世界のなかのほんの一部を占めるだけだからである。人は、他者を感受するまえに生きものを感受し、生きものを感受するまえに自然を感受している自分を、のちにいくらか詳しく論じる「感受性の広がり」としての「心情」（パスカルのいうそれ）によって、思い出さなければならない。日本の教育政策において語られる「畏敬の念」を可能にするのは、こうした思考である。

このような公共善を大切にするという考え方を、「公共倫理」と呼ぶなら、教育は、本来的に公共倫理に彩られていなければならない。むろんこれは、公的資金による運営形態それ自体ではなく、それにいささかなりとも反映されるが、おもにかつての教育実践のベクトル（いわば、情熱・志）を彩っていたそれである。教育実践が向かうべきテロスの一つは、この公共倫理でなければならないだろう。現代社会が、「自分のものだから大切」という考え方 ——「エゴイズム」や「所有個人主義」—— に染まりがちだからである。「自分のものだから大切」という考え方を否定するためでなく、「公共のものだから大切」と「自分のものだから大切」のバランスをとるために、教育実践・教育政策は、公共倫理に向かわなければならない。たとえば、既習内容の確認によって確定される「学力」から区別される、いわゆる「ソフト・スキルズ」、具体的にいえば、自発的・協同的な問題解決力、既習の知識を越える発明発見力、説得し交渉し妥協するコミュニケーション力、目的達成を不断にめざす継続力などを、いくら追求し習得しても、その人のめざすところが自己、自組織、自国の利益の確保にとどまれば、そうしたスキルはすべて、公共倫理を蔑ろにする暴力に堕する。

§ 存在論的思考へ

問われるべきは、この公共倫理を可能にするもの、つきつめていえば、先述の高次の目的（テロス）を喚起する思考である。いったい、何が公共倫理やテロスを存立可能にするのか。それは、公共倫理やテロスを価値規範として教える教育ではなく、それらを生起させる存在論的思考を喚起する教育である。「存在論」（ontologia）といえば、あまり評判がよくないが、私は、あえてこの言葉を使う。すこし補足すれば、私がいう存在論的思考は、アリストテレスの「形而上学」と重ねられたそれではない。いいかえれば、ハイデガー（Heidegger, Martin 1889-1976）が『形而上学の超克』（一九三六～四六年）でいう「形而上学」ではない（Heidegger, GA 7, UM〔ハイデッガー 二〇一三〕）。ここでいう「存在論」は、ハイデガーのいうそれの私なりの翻案であり、「存在」、すなわち生き生きと生き死ぬことをもっとも豊かに語ろうとする試みであり、たぶんにキリスト教思想に傾くが、いわゆる「信仰」（religio）、すなわち「礼拝」（ritus）と「信」（pistis/fides）が混然一体となった営みとは隔てられた思考である。

なお、ハイデガー自身は、一九五三年の『形而上学入門』において、「『存在論』［という言葉］は、存在を言葉にもたらそうとする努力を意味する」が、もしも誤解を招くなら、使わなくてもよいだろう、と述べている（Heidegger, GA 40, GM : 44〔ハイデッガー 全集四〇：四六〕）。そして、ハイデガーに傾くキリスト教思想家のティリッヒ（Tillich, Paul 1866-1965）は、存在論とは「存在（on）のロゴスを展開すること」、いいかえれば「存在それ自体を把握する理知的な言葉を展開すること」と述べ、それは「唯名論と実在論」、「普遍的本質と特殊的個体」といった「分裂対立が生じる以前にさかのぼり、存在それ自体を問うこと」、この「存在［それ自体］に与るすべて［の人］に共通する構造とは何か」と問うことである、と述べている（Tillich MW/HW 3, LPJ : 593［ティリッヒ 著作集九：二二六-七］）。

教育学に引きつけていえば、この存在論的思考は、「自律」を「自己創出」ととらえなおし、この「自己創出」を、未然・未定である公共倫理やテロスに向かいつつ、〈よりよく生きようとする〉力の発現、ととらえなおす。私にとって、教育とは、この意味での自己創出を支援することである。このような教育の規定は、訝しまれるかもしれないが、近代教育学の始点に位置するカント（Kant, Immanuel 1724-1804）の自律（道徳性）論を念頭に置きつつ、作られた。カントは、たとえば、『たんなる理性の枠内の宗教』（一七九三／四年）において、「みずからよりよい人間になろうとする」（besserer Mensche zu werden）ことを「道徳的」（moralische）と形容している（Kant, W 8, RGV : 703［カント 全集一〇：六九］）。この「よりよい人間になろうとする」「道徳的」なベクトルは、キリスト教的な「信」——「信仰」というよりも——を契機として生成するが、本書の「結論」であらためて述べるように、私は、それをかならずしもキリスト教的に考え語らなくてもよい、と考えている。

これにかかわる一つの創案は、存在論的思考を、「存在」（Sein）という言葉を使わずに示すことである。「存在」は、キリスト教の「神」の規定、すなわち「在りて在るもの」（ego sum qui sum）と切り離せないからである。かわりに用いられるのが「共存在」の翻案としての「感受性の広がり」であり、感受性のはたらきとしての「交感」であり、強度のそれとしての「共鳴共振」である。

§ 本書の目的

さて、本書の目的は、おもにヨーロッパ、アメリカの哲学思想、教育思想を踏まえつつ、この存在論的思考を具体的に示し、その教育学的意義を確かめることである。すなわち、機能的秩序が相対的に拡大し、エゴイズムが広がり、規則随順が秩序を形骸化させ、公共倫理の形成を阻害する傾向にあるなかで、存在論的思考は、一人ひとりが〈よりよく生きようとする〉力を喚起する、と述べる。

この存在論的思考の教育学的意義を示すために、現代ヨーロッパにおける主要な教育思想をとりあげるとともに、その背景にある哲学思想を、私なりに敷衍し翻案する。とりあげる教育思想は、おもにビースタ（Biesta, Gert）のそれである。哲学思想は、デューイ（Dewey, John 1859-1952）、ハイデガーのそれであり、またティリッヒ、レヴィナス（Lévinas, Emmanuel 1906-95）、ドゥルーズ（Deleuze, Gilles 1925-1995）、デリダ（Derrida, Jacques 1930-2004）、ナンシー（Nancy, Jean-Luc）などのそれである。

私がデューイとハイデガーに注目することは、それほど恣意的ではないだろう。二〇一七年に刊行された教育思想の百科事典、*Encyclopedia of Educational Philosophy and Theory*（Editor: Michael A. Peters, Springer, 2700p.）において、複数の項目で主題的に取りあげられている思想家は、コメニウス、ドゥルーズ、デリダ、デューイ、フーコー、フレイレ、ハバーマス、ハイデガー、ヘーゲル、ヘルバルト、レヴィナス、ニーチェ、ソクラテスである。古くから教育思想家として知られている人のなかで項目として取りあげられているのは、コメニウスとヘルバルトの二人だけである。これに対し、「デューイ」の名がふくまれる項目は一五、「ハイデガー」の名がふくまれる項目も八つある。この事典の編者も、デューイとハイデガーの思想に教育学的意義を見いだしているようである。

§ 教育学的意義としての、テロスへの自由

私が考える教育学的意義は、自己利益のために〈よりよく作りかえる〉ことではなく、テロスに向かい〈よりよく生きようとする〉ことである。この「テロス」は、ヨーロッパの哲学思想で、古くから求められてきたことで、しばしば「真理」「終極」と訳されてきたが、基本的に〈もっとも大切なこと〉を意味する。この「テロス」は、もともと古代ギリシアの言葉で、アリストテレスが「目的・終極」という意味で用いたことで知られている。その対義語が＋（テクネー）であり、これは「技術・方法」の語源である。アリストテレスの『ニコマコス倫理学』の言葉を用いれば、テロスに向かう営みが「プラクシス」であり、テクネーに向かう営みが「ポイエーシス」である。

しかし、私は本書で、この「テロス」を、新約聖書の著者の一人、パウロが「ローマの信徒への手紙」（一〇・四）で用いる意味、またカントが「原像」という言葉で暗示する意味に傾けて、用いる。簡単にいえば、それは、さまざまな規約・制度それ自体ではなく、それらを生みだしそれらが向かうべきところ、パウロの場合は「キリスト」である（カントについては「結論」を参照されたい）。しかし、私が用いる場合、テロスは、「……すべきである」といった価値命題として事前に確定されたものではなく、事後に潜在的なものとして象られるもの、つまり事後／潜在のテロスである。それは〈よりよいこと〉を求める活動として具現化する。また、私のいうテロスの存立要件は、人が他者、生きもの、自然とともに在るという意味で、共存在であることであり、かつ人が「自己・社会」「規約・制度」を構成する「意味・価値」を超えるという意味で、超越であることである。

本論の構成について、ふれておこう。

第一章は、教育思想の核に「良心の呼び声」を見いだすとともに、それをヘレニズム（ギリシア・

ローマの哲学）から区別されるヘブライズム（ユダヤ・キリスト教思想）のなかに位置づける。

第二章から第六章までは、現代教育論が前提にする通念の解体であり、通念から区別される存在論的概念の開示である。取りあげたのは、「問題」から区別される「問い」、「責任」から区別される「応答可能性」、「感情」から区別される「感受性」、「もの」から区別される「こと」、「空想」から区別される「想像」である。

第七章から第一一章までは、教育論に欠かせない存在論的基礎概念の提示である。取りあげたのは、自己を超えて他者を支え援ける「主体化」、強さではなく弱さの「力」、感情的ではなく心情的である「愛」、「自己」の願望ではなくテロスへのベクトルである「希望」、生命ではなくテロスとしての「いのち」である。

第一二章は、こうした存在論的基礎概念に通底する「感受性のひろがり」、いいかえれば「交感」の根本的なはたらきを示す。これは、テロスのもっとも重要な存立要件であるが、すでに人に贈られている贈りものである。

第一章　教育に思想は要るのか

Chapter 1 : Does Education Need Thoughts ?

§ 教育に思想は要るのか

「教育思想史」とか「教育哲学」といったタイトルの本は、これまで、たくさん書かれてきた。そうした本には、たとえば、プラトン、アリストテレスから始まり、フーコー、デリダあたりまでの、思想家・哲学者が教育について考えたことが、要領よくまとめられている。しかし、そうした本が、「思想」（哲学）それ自体を入念に語っていることは、ほとんどなかったのではないか。

「教育思想（哲学）」で語られている「思想」（哲学）とは、そもそも何だろうか。「思想」は、「感情」や「意志」から区別されるもので、「知性（悟性）」ないし「理性」のはたらきである、と定義する人もいるだろう。あるいは、そうした「知性」や「理性」が生みだしたもの、と定義する人もいるだろう。しかし、こうした定義は、「知性」や「理性」の定義を欠くかぎり、意味不明であり、これらの概念を定義しようとすると、膨大な議論を参照し検討しなければならない。

ここでは、精確な定義を行うためにあれこれ議論するかわりに、「思想」（英語の thought、ドイツ語の Gedanke、フランス語の pensée）とは、「知性」によってであれ、「理性」によってであれ、何らかの真摯な思考・行動に対する反照的思考（ふりかえり）である、と考えておきたい。つまり「思想」とは「考えたこと・行ったことについてあらためて考えたこと」である、と。

それにしても、なぜ人は思考するのだろうか。なぜ思考・言動をふりかえるのだろうか。たぶん、人が思考するのは、「何がよりよいことか」と考える＝問い続けるからだろう。つまり、人が「テロス」（telos）としての真実を求めているからだろう。私たちは、さまざまな形容を行うが、たとえば、人の生きざまに心を打たれ、「魅力的」「すごい」「驚くべき」などと形容することは、むろんつねにとはいえないが、このテロスへのベクトルが内在することを暗示していないだろうか。

関連づけていえば、一般に「宗教」と訳されている religion の語源、ラテン語の religio は、しばしば religare すなわち「結ぶ・つなぐ」という言葉と結びつけて語られるが、それは、religere すなわち「追放する・遠ざける」「取り戻す・辿り直す・思い返す」という言葉とも結びつけることができる。もしも religio の原義が「自分が遠ざけたものを、あらためて思い返す」ということならば、それもまた、ここでいう「思想」に通じているだろう。ちなみに、フランス語の religion には、この「思想」につらなる「細心・危惧」という意味が、まだ残されている。

ともあれ、「何がよりよいことか」と考えない＝問い続けない人は、「思想」に向かったり、すなわち自・他の思考をふりかえったりしないだろう。たとえば、「お金がいちばん大切」「信仰がいちばん大切」と決めてかかる人は、このような問いを立てたりしないだろう。

§　教育において大事なことは何か

さて、教育において大切なことは何だろうか。ふつうに考えれば、それは、教育の「成果」(result)である。「教育は何のために」と問われるとき、求められているのは、教育の成果である。多くの場合、それも、「エヴィデンス付きの成果」だろう。すなわち、学力の形成（資格の付与）、人格の形成（道徳性・コミュニケーション能力の育成）だろう。たしかにどちらも大切である。

もしも、私たちが、教育において大切なことは学力の形成、人格の形成であると決めてしまえば、そのための方法のみを語れば、すんでしまう。たとえば、教育心理学、道徳教育論、教育方法学などがあればよい。抽象概念を弄し通念を外れようとする教育思想や教育哲学は要らない。

教育に「思想」が要るときがあるとすれば、それは、人が「教育においてもっと大切なことは『成果』をあげることだけか」と疑い問うときである。また、もっと根源的に、「人が成果を求めるのはなぜか」と問い考えるときである。受験勉強においてであれ、オリンピック競技においてであれ、企業の営利活動においてであれ、人は、より高い成果をあげることを、なぜ求めるのか、と。「成果」、文字どおり、実に成ること、実を結ぶこと、つまり大切なものを未来につなぐこと、この生命の比喩は、教育の営みのなかで、矮小化されて用いられているのではないか、と問うときである。

§ たとえば、成果主義への違和感に

なるほど、「成果を挙げることは自明のことで、あれこれ問う必要はない」と、考える人もいるだろう。いわば「成果主義」を信奉する人である。しかし、成果主義の信奉は、「成果こそすべて」と考えることが生みだす副次効果を考えていない。たとえば、「成果だけを求めることは、成果をあげられない人の生を、実質的に否定することではないのか」、と考えたりしない。成果主義の人は、「成果主義が、たとえば、重度・重複の障害者や、日々できないことが増えてゆく老人、そして競争を好まない人を、実質的に疎外していくことになるのではないか」、と考えたりしない。

重い障害をもつ人のように、成果主義にそぐわない人は、一般に「弱者」と呼ばれているが、そう呼ぶことは、逆に成果主義を生きる人を暗に「強者」と位置づけることにひとしい。そして、そうすることに、何か違和感を覚える人もいる。なるほど、人は、「弱さ」を軽侮し、「強さ」を誇示しがちである。一般の〈強者／弱者〉という区別は、「弱さ」よりも「強さ」を高く価値づけているが、少なくない人が、この価値づけに、言葉にしがたい躊躇を感じているように思われる。あらためて論じるが、問いかけだけしておけば、人は、心のどこかで、この世界の通念通俗のハビトゥスを超えて、いわば「弱さの力」すなわち「弱さの強さ」を、感じているのではないだろうか。

また、「弱者」とは別に、成果主義から意図的にずれる人もいる。いわば「異質な他者」である。彼（女）らは、成果主義が自明な社会で、成果を求めて競争しようとしない人である。たとえば、ブランショ、ドゥルーズ、デリダが言及した「バートルビー」は、そういう人である。アメリカの小説家メルヴィル（Melville, Herman 1819-91）が一八五三年の『代書人バートルビー』（*Bartleby, the Scrivener*）で描くバートルビーは、丁寧な口調ながらいわゆる「仕事」を拒否する人である。彼は、たんなる「怠け

者」ではなく、「労働」という通念からの意図的逸脱者である。通念のもつ負の効果を想像するとき、私たちは、通念からずれる他者に、肯定的な意味合いで出会うことになる。

§「良心の呼び声」

ともあれ、この「弱者」や「異質な他者」を思うとき、私たちは、成果主義、拡大していえば、社会的通念に対し、「違和感」をおぼえる。私たちは、こうした人たちを無視したり、もっともらしく排除したりすることを、理不尽だと思う。この違和感は大切である。この違和感は、これまたヨーロッパの古くからある表現、ないしハイデガーが『存在と時間』で「存在の呼び声」といいかえる表現を用いれば、「良心の呼び声」（Stimme des Gewissens）である。つまり、違和感は「良心」から生まれる声である（なお、「良心」の原語［suneidesis / conscientia］が「ともに知る」という意味で、それは、善悪の彼岸にある「公正中立」の立場を指すという見解もあるが、ここでは言及しない。この見解は、古代ギリシアの「天秤」の隠喩に大きく傾く解釈だろう。なお、ヨーロッパの思想史における「良心」概念の変遷、また日本の「恥」と「良心」のつながりについては、金子晴勇の『恥と良心』を参照されたい）。

こうした「良心の呼び声」は、成果主義のような社会的通念よりも大切なことがあるのではないかという、漠然とした、しかし襲いかかられるような、圧倒的な力の問いかけである。それは、社会的通念に染まる人の心の在りようをがらりと変えてしまう、内発的であるが、到来的である声（「ロゴス」）である。私たちの知っている「良心」は、もともとキリスト教の概念で、さかのぼれば、新約聖書においてパウロが「スネイデーシス」（suneidesis / conscientia）と表現した言葉である（「ローマの信徒への手紙」二・一五、九・一、一三・五、「コリントの信徒への手紙Ⅱ」一・一二などで、用いられている）。

しかし、哲学思想で有名なのは、カントの「良心」論だろう。カントにとって、「良心」とは「実践理性」（praktische Vernunft）である。それは、活動する人に「義務」を示すもの、責めがあるかないかを決めるものである。この「良心」は、けっして誤りをおかさない。カントは、一七九七年の『人倫の形而上学』で、「人は、だれでも、……良心を本来的に自己のうちにもっている」と述べている。そしてそれは、人が「作りだすものではなく、その［＝人の］本質と一体」であり、人は「〔良心に呼びかける〕声を聴くことを回避できない」と断じている。そうした意味で、「良心」は「人のなかの内的法廷」と形容されている。この法廷の中心にいて呼びかけるのが「道徳的存在者」であり、人に内在する「神性」である（Kant W 8, MS : 531-2, 573-4［カント全集一一：二六八、三一五 - 七］）。

カントの「良心」は、彼が『実践理性批判』で「関心（Interesse）」、「格率（Maxime / maxime 最たる［もの］、大切な［もの］）」と呼んだものの、源泉だろう。カントは「格率は、それが……純粋な関心にもとづく場合にのみ、まさに道徳的である」と述べている（カントにおいては「関心」と「格率」がほとんど等値されている）（Kant W 7, KpV: 201［カント全集七：二三八］）。「良心」は、統一的・客観的な「原理」「規範」よりも漠としているが、当人の心を激しく衝き動かし、実際に何かに取り組ませる強い想いである。この強い想いは、他人に対し、自分が感じているようには伝えられないが、自分の具体的な活動として体現される。カントは、この想いを「信」（Graube）とも形容している。

そして、カントは、人の抱く「良心」――したがって「格率」「関心」――いわば、自分の言動を本来的に方向づける「意志」は、「根本法則」（Grundgeseze 根底に置かれたもの）に最終的に帰着する、と考えていた。この「根本法則」は、前述の「道徳的存在者」として内在する「神性」をいいかえたものである。このように考えてはじめて、カントのあの有名な命題がわかるようになるだろう。すなわち「あなたの意志の格率が、つねに普遍的法則の原理［ようするに根本法則］として通用しうるように、行為せよ」という命題が（Kant W 7, KpV: 141［カント全集七：一六五‐六］）。

§ ともに生きることを問う

拙速ながら、こうした「良心」（ないし「神性」）が私たちに何を呼びかけるのか、私見を述べておこう。私の考えでは、それが呼びかけることは、「ともに生きる」（togatherness / être-avec）ことである。すなわち、人と人、生きもの、そして自然（大地・海洋）、さらに神と「ともに生きる」ことである。これは、人のすべての言動を存立可能にする、根底的肯定性である、といえるだろう。

ともあれ、この「ともに生きる」ことは、近年においては、「共生」という言葉でよく語られるが、さまざまに表現されてきた。たとえば、デューイは、「デモクラシー」という言葉でこれを語り、ハイデガーは、「共存在」（Mit-sein）という言葉でこれを語った。フランスのレヴィナスも、ドゥルーズも、デリダも、ナンシーも、イタリアのアガンベン（Agamben, Giorgio）も、それぞれ自分なりの言葉で、この「ともに生きる」ことを論じている。ただし彼らは、「ともに生きる」ことを「理想」として宣揚するのではなく、大切なものとして問い続けている。どうすれば、人は人・自然と「ともに生きる」ことができるのか。そもそも「ともに生きる」とは、どういうことか。「ともに生きる」ことは、彼らにおいては、人がすでに前提としている本来的存在様態として、不断に問われている。

さかのぼれば、この「ともに生きる」ことは、ヨーロッパの思想において、神と人のつながりを語るキリスト教的概念として、繰りかえし論じられてきた。たとえば、アウグスティヌスは、『詩篇講解』において、「彼［＝人］は、肉のなかに住んでいるが、その心は、神とともにある」と述べている(Augustinus AO, EP: CXLI. §15)。この、キリスト教的な意味で「神とともにある」ことを示す有名な言葉は、「コミュニオン」(communion)である。この言葉は、教会用語としては「聖体拝領」と訳されるが、もともとは、絶対的に隔てられている神と人が通じあい・つながることを意味する。

人と人が「ともに生きる」ことについては、ルターが一五二〇年に著した『キリスト者の自由』における言葉が、端的な表現だろう。そこでルターは、「人は、この死すべき肉体において……他者のために生きているのであり、自分のために生きているのではない」と述べている(Luther WA 7, FC: 64〔ルター全集一・二:三八〇〕)。これは、パウロ、ルターにとっては、他者と「ともに生きる」のは、自分が「救われる」ためではなく、ただ窮地にある他者の求めに応えるためである。

(二四・七)にある言葉の敷衍である。

§ ニーチェの「同情」論と「良心」と呼ばれるもの

しかし、この「ともに生きる」ことを語ることは、なかなか難しい。たとえば、ニーチェ(Nietzsche, Friedrich 1844-1900)は、一八八一年の『曙光』において、他者の不幸が自分を不快にさせる、と述べている。多くの場合、人は、窮地に陥った他者を助ける余力をもたないことに、無力さ、卑小さを感じるからだ、と。「他者の災難は、私たちの誇りを傷つける。私たちが彼を助けようとしなければ、私たちは、自分の無力さ、卑小さを思い知らされるからである」。ニーチェは、人は、このとき、自分を苦しめる他者に「同情」(Mitleiden)で応える、という。自分の弱さから逃れるために「何らかの同情の行為によって、それに応える」と。この「同情」は、自己正当化の思考である。すなわち、他者の災難は、人間一般の弱さ、つまり自分の弱さを暗示する。それは自分を苦しめる。自分は違うと思いたい。自分は他者を哀れに思うことができる。つまり、私は強い――およそ、こういう思考である。つまり、ニーチェのいう「同情」は、他者の不幸を自分のことのように感受する受苦性ではなく、自分を強く見せるための手段である。「私たちが［他者の災難から］逃げないと決心するときは、私たちが［彼ら］よりも強い者、［彼らを］助けられる者として、彼らのところに駆けつけられるときである」(Nietzsche, KS 3, M：§133［ニーチェ 全集Ⅰ・九：第一三三節］)。

このようなニーチェの「同情」論は、あまりに穿った見方ではないか、と思われるかもしれないが、もしも私たちがそう思うとすれば、それは、やはり私たちが、ヨーロッパの個人主義が前提とする「自己」の桎梏を軽んじているからだろう。ニーチェの「同情」論から学ぶべきこと、そして私たちが次章以降で、留意すべきことの一つは、いわゆる「自己」を前提にしたままで「ともに生きる」ことを語ることは徒労に終わる、ということである。かりに、人が自然に人に寄り添う力（「良心の呼び声」）をもっているとしても、その力をさえぎる「自己」の思考が人を捕縛するという事実を無視して「ともに生きる」ことを語っても空しい、ということである。

もう一つ留意すべきことは、これに関連するが、何が「良心」と呼ばれてきたのか、それを確かめることである。というのも、「良心」を内在的超越性として実体化し、それに寄りかかる自律は「自己」を絶対化する、と論難する人もいるだろうし、またそのような実体としての「良心」は、軽やかな「戯れ」を抑圧する重苦しい「基礎づけ主義」の産物だ、と論難する人もいるだろうから。

向かうべきところは、「良心」と呼ばれてきたものである。すなわち、見ることもできないし、語ることも難しい、何かである。たとえば、アウグスティヌスのいう「良心」についての考察を少しふりかえるだけでも、先の論難が見当違いであることがわかるだろう。アウグスティヌスが語る「良心」は、欲望に染まる「自己」をつねに批判し超越する出来としてのそれである。そのような「良心」が、いったいどのように自己主張・自己満足に頽落する人間を生みだすというのか。人が、言葉、とりわけ名詞が生動する思考を「実体化」することなど、ふつうのことである。通念としての意味・価値は、しばしば実体化され（ときに絶対化され）てしまった思考である。「良心」という名詞の意味は、事後的に「良心」と呼ばれてきたアウグスティヌスの思い考える生動と、一致しない。必要なことは、この生動へ肉薄するということで、ほとんど不可能だろうことである。

§「道徳性」「自律」を語りなおすために

さて、ヨーロッパの哲学思想における「ともに生きる」の概念を理解するうえで、最後に確かめておきたいことは、ヨーロッパの哲学思想が、大きく分けるなら、二つの潮流から成り立っていることである。すなわち、ヘブライズム（Hebraism）と、ヘレニズム（Hellenism）、いいかえれば、ユダヤ・キリスト教的（Judaic-Christian）な思想と、ギリシア・ローマ的（Greek-Roman）な哲学、である。

この二つの思潮には、対照的なところがある。たとえば、ヘブライズムにおける世界の本質は「オーラーム」（olam 隠されたもの・永遠なるもの）である。この言葉は、たとえば、旧約聖書の「詩篇」（第一〇七篇 第一節）で使われている（英訳は forever）。それは、見ることはできないが、なんとか感じられるものである。これに対し、ヘレニズムにとっての世界の本質は「コスモス」（kosmos 秩序）、「ナトゥーラ」（natura 自然）である。それは、見ることができるもの、言葉で語ることができるものである。つまり、言葉で人に伝えやすい思考は、ヘレニズムのそれである。

むろん、ヨーロッパの思想・哲学は、この二つにはっきりと色分けできるものではなく、この二つが混合し重層しているが、私の実感からすれば、いわゆる哲学思想、教育思想を日本人が論じるときに、ヘブライズムが充分に理解されないまま、論じられているように思う。とりわけ、教育学において、「道徳性」や「自律」が語られるとき——この二つはカントにおいては同義であるが——キリスト教思想への傾きが看過されがちであるように思う。ちなみに、デリダは、「キリスト教は、本来的な意味で「道徳的」である唯一の宗教である」と断言し、「キリスト教がその道徳的な使命に応えるためには、……ただ現世において、現象としての歴史のなかで、神の死に耐えることである」と述べている（Derrida 2001：21〔デリダ 二〇一六：二七〕）。この「道徳的」も「神の死に耐える」も同じことであるが、キリスト教思想を踏まえなければ、それはなんのことだかわからないだろう。

そして、キリスト教思想を踏まえつつ、「道徳性」や「自律」の意味を考えることは、現代日本で行われている「道徳教育」や「人間形成」を根底から反照的に思考する契機となるだろう。さらに、キリスト教思想のある種の傾きからずれつつ、この「道徳的」の意味を反照的思考するなら、私たちの、子どもたちの日々の経験をより深いものに変えられるだろう。付言すれば、そうしたずらしは、教育の再理念化も可能にするだろう。教育学は、教育を「人間形成」（formation humain）、「陶冶」（Bildung）、「人格形成」（character formation）と規定してきたが、どれも「完全性」（Perfection）というキリスト教的概念を事前のテロスとしてきたため、理解されにくく、簡単に「有能化」や「社会化」に還元されてしまった。そうした教育理念の矮小化も、打破できるだろう。

第二章
問題と問いの違い

Chapter 2 : The Difference between Problem and Question

§ ふりかえって

前章で、「そもそも教育に思想は要るのか」という問いを立て、いわゆる「思想」を反照的思考（ふりかえり）であると規定しなおし、この反照的思考が、通念通俗の意味・価値、規約・制度への「違和感」とつながること、その違和感は、つきつめていえば、古来、ヨーロッパのキリスト教思想において語られてきた「良心の呼び声」とつながること、さらにこの「良心の呼び声」は、人が人と「ともに生きる」ことの重要さを含意する概念であった、と述べた。そして最後に、この「ともに生きる」ことを、個人と個人の「共同」「協働」のレベルではなく、より深いレベルから理解するために、たとえば、カントのいう「道徳性」「自律」の意味を、キリスト教思想に差し戻しつつ、把握しなければならないし、さらにその把握をずらすことも考えなければならないだろう、と述べた。

このような問いかけは、教育学とどのように切り結ぶのか、いくらか予示しておくべきだろう。この章では、ビースタの教育の目的論にふれつつ、先の問いかけが、ドゥルーズが指摘する、「問題」から区別される「問い」を生みだすことを、示したい。そして、この「問い」が「学び」を〈よりよく生きようとする〉ことに向かわせる存在論的思考そのものであることを示したい。この問いは、「何が有用なのか」（What is useful?）と考える私たちが、あらためて「何に有用なのか」（Useful for what?）と考えること、つまり目的そのものを問うことである。この問いは、活動の帰結を予測し、通俗的な意味・価値を規準に実在論的・機能論的に評定するだけでなく、活動の理念を前提にし、通俗的な意味・価値を超えた目的に向かい思考しなければ、「探究」として成り立たないだろう。

§ ビースタのいう教育の目的（機能）

教育の目的（機能）については、さまざまな考え方があるだろうが、ここでは、オランダ生まれの教育学者ビースタがどのように考えているのか、確認してみよう。ビースタは、二〇一〇年の『測定の時代におけるよい教育』、また二〇一三年の『教育の美しい危うさ』のなかで、教育の目的を次の三つに分けている。「有能化」（qualification）、「社会化」（socialization）、「主体化」（subjectification）である（Biesta 2010［ビースタ 二〇一六］、Biesta 2013 : 4-5［ビースタ 近刊］）。

まず、「有能化」は、知識・技能を付与し、何か社会的（つまるところ経済的）に価値のあることをできるようにさせることである。いいかえれば、有用性にもとづく「人材化」である。学校のほとんどの教科教育は、これにかかわっている。むろん、「職業教育」もそうである。私なりの表現をすれば、有能化は、事物・自然・社会を〈よりよく作りかえる〉力の形成である。

「社会化」は、既存の社会秩序に適応できるように人を規範化することである。いいかえれば、社会構造による「構造化」である。道徳教育がこれにかかわる。これは、場所・空間の「雰囲気」や「儀礼（しきたり）」という「潜在的カリキュラム」（hidden curriculum）によるところが大きい。

そして、「主体化」は、既存の社会秩序から自由である個人になることである。いわば、「自律化」である。「主体化」は、社会化の対立概念であり、有能化ともときに対立する。〈よりよく生きようとする〉力につながる教育の目的（機能）は、これである。『教育の美しい危うさ』で述べているように、ビースタにとって、教育の本来的な目的（機能）は、この「主体化」であるが、この言葉が意味するところをわかりやすく示すには、いささかまわり道をしなければならない。

§ シティズンシップ教育の三様態

ビースタの『よい教育』の例示にそって、これら三つの教育の機能を例示しよう。たとえば、「シティズンシップ教育」は、どのように行われるべきか。大雑把にいえば、それは、国籍・民族・宗教などの帰属性にとらわれない「シティズンシップ」（citizenship 市民性）の形成をめざす教育である。すなわち、普遍的である社会的・政治的・文化的活動ができる大人を形成することである。この「シティズンシップ」は、フランスの『人権宣言』に由来し、その原義は「人間性」にひとしい。

確かめておけば、このシティズンシップ教育は、一八歳からの選挙権付与（二〇一五年制定）によって加速されている。二〇一五年現在、世界一九二カ国のうちの一七六カ国、つまり九二％が、一八歳から選挙権を付与している。つまり、この法改正は、グローバルな趨勢に倣ったものである。「若者の意見を政治に反映させるため」「若者の政治離れを防ぐため」などの理由があげられているが。

さて、このシティズンシップ教育は、「政治的リテラシー」の形成として行われるべきである、と考えられる。「政治的リテラシー」、すなわち「市民としての義務・権利」とは何か、「政治システム」とは何か、「政治的批判活動」とはどのように行うべきか、などの知識・技能を若者に示し、学習させる教育として。これは、シティズンシップ教育の有能化形態、といえるだろう。

また、シティズンシップ教育は、シティズンシップを実際にになう、固有な社会を構成する「よい市民」の形成として行われるべきである、とも考えられる。政治活動のためのリテラシーの形成のまえに、そもそも地に足の着いた「よい市民」を形成するべきである、と。たとえば、EUの歴史・伝統・文化をふまえた「EU的市民の形成」、日本の歴史・伝統・文化をふまえた「日本的市民の教育」などが、それである。これは、シティズンシップ教育の社会化形態、といえるだろう。

さらに、シティズンシップ教育は、「『よい市民』とはどういう市民か」と、その理念を問い続けること、既存の「よい市民」像を批判し再構成し続ける思考を喚起することでもある、と考えられる。たとえば、「移民を受け容れるか否か」は、「よりよい市民」を構想するうえでの試金石である。現在の情況を考えれば、環境汚染・地球温暖化などのグローバルな問題にどのように取り組むか、これも「よりよい市民」を構想するうえでの試金石である。こうした構想は、いったん自国の利益・都合（つまり「自己」）を棚上げしなければ、「よりよい」ものにならない。こうした「よりよい市民」理念の探究が「批判的思考」である。これは、シティズンシップ教育の主体化形態、といえるだろう。

§ 当事者性が看過されるという、学習化のパラドクス

有能化・社会化に通底することは、既存の制度（社会的な規範・趨勢）に人を適合させてゆくという考え方である。つまり、制度化の思考である。これに対し、主体化は、人の内面（心・意識・思考）に制度からの自由を確保するという考え方である。つまり、脱制度化の思考である。

ビースタは、制度化の思考が、教育の「学習化」（learnification）をもたらしている、という。つまり、教育を語る言葉が、「教授（者）」中心 teaching-oriented のものではなく、「学習（者）」中心 leraning-oriented のものになっている、と。たとえば、「教育とは学習機会の提供である」という、教育の定義、または「教育の成果は学習者個人の責任である」という、教育評価の原則のように。

一見すると、「学習化」は、学ぶ人の「主体性」が重視されているように見えるが、じつは逆である。そこでは、人をただ学習に集中させることが求められていて、学習の理由、学習の内容・目的を考えることが、看過されているからである。たとえば「なぜ数学を学ぶのか」「何のために勉強するのか」といった、当事者ゆえに生まれてくる「当事者」の問いが看過されるからである。

ビースタは、こうした「学習化」においては、教育は、「技術的企て」（technological enterprise）となる、という。たとえば、現代日本のように、教育方法、つまり「〇〇メソッド」が流行り、学習評価が執拗に求められることは、教育が「学習化」した結果である、と考えられる。

§ 「問題」と「問い」の違い

そもそも「学習する」とはどういうことか。ビースタの議論からは、本来の学習（学び）は〈当事者性に即した営み〉である、ということがうかがえる。〈当事者性に即する〉とは、いわゆる「問題」

を解く（むしろ「解かされる」というべきだろうか）まえに、いささかなりとも自分なりの「関心」をもって、すなわち驚異の感覚、疑問をもちつつ「問う」ことである。

この、自分なりの「問い」は、「問題」の場合のように、万人に共通である客観的な「解答」「解決」にいたることを前提としていない。「問い」においては、何らかの疑問が解決しても、たちまち次の疑問が生じるからである。つまり、「問いをもつ」ことは、延々と「問い続ける」ことである。

たとえば、「少子高齢化」による税収の低減、医療介護費の増大にどのように対処するか、という行政対応の「問題」は、大変そうだが、きっと解決可能だろう。「グローバルに活躍する人材」をどのように育成するか、という教育方法の「問題」も、きっと解決可能だろう。学校におけるテスト・試験の「問題」については、いうまでもなく、解答可能でなければならない。

しかし、「人が人としてよりよく生きるとはどういうことか」という問い、古いヨーロッパ哲学の言葉を用いていえば、「真理（真実）（aleteia / veritas）とは何か」、これまた古いキリスト教思想の言葉を用いていえば、「愛（敬愛）（agape）とは何か」といった問いは、正答・正解のない「問い」である。こうした正答・正解のない「問い」は、「アポリア aporia の問い」と呼ばれてきた。文字どおりのその意味は「通り抜けられない問い」である。このアポリアとしての「問い」を考え続けることが、ビースタのいう主体化の教育、本来の学び、ということになるだろう。

§ 知覚できないもの、表象できないもの

ビースタは、ドゥルーズに言及していないが、ドゥルーズもまた、一九六八年の『差異と反復』において、上に述べてきた区別とほぼ同じ仕方で、「問い」（question）と「問題」（problème）を区別し

ている。違うところは、ドゥルーズのいう「問い」は、人に「思考」(pensée)を命令することである。しかも、その「思考」は、いかなる「知」も超えた思考であり、「存在論的」なそれである。「……問いは、私から溢れでるものではない。……〔問いの〕命令は、人の存在(être)に帰属する。すべての問いは存在論的である」。「存在」の命令は、「思考の異化(différentielles)」すなわち「思考できないが、思考されるべきもの」の思考である(Deleuze 1968 : 257〔ドゥルーズ 一九九二:三〇二〕)。

こうした「解決」「解答」になじまず、「存在」に向かう「問い」は、この世界の通俗通念的な意味・価値、規約・制度を超える、根源的・本来的な「問い」であるが、けっしてアリストテレス以来の「存在論」=「形而上学」だけが扱う「問い」ではない。それは、だれもが問い続けたいと切実に願うところの「問い」である。「よりよく生きたい」と思わない人はおそらくいないだろうし、何かを真摯に探究したり、だれかを育てたりしている人で、「真理」や「愛」を思わない人もいないだろう。

しかし、やっかいなことに、こうした「真理」や「愛」は、それが存在論的な概念であるかぎり、五感では「知覚」されえないものであり、またこれこれであると「表象」(述定)できないものである。にもかかわらず、それらは、人がどうしても向かってしまうところ、問いつづけるところである。ドゥルーズが『差異と反復』で「深遠な共存」(complicité profonde)と形容する「ともに生きる」ことは、そうした向かう先のぎりぎりの表現である(Deleuze 1968 : 214〔ドゥルーズ 一九九二:二五四〕)。この「深遠な共存」は、ハイデガーがいう「存在(「共存在」)」(Sein/Mit-sein)の、ドゥルーズなりの敷衍であり、それは、人が人として生きるうえで〈よりよいこと〉である。

続けて、ハイデガーのいう「存在(共存在)」についても、簡明に述べておきたい。

§「存在」とは何か

まず確認しておくなら、日本語の「存在」という言葉には見いだしにくいが、ヨーロッパのbe/être/seinは「生きていく（いる）」を含意している。たとえば、シェークスピア（Shakespeare, William 1564-1616）の描く『ハムレット』の有名な言葉「生きるべきか、死ぬべきか」はto be or not to beである。そしてニーチェは、「『存在』（"Sein"）――これについて、私たちは『生きていく』（"leben"）こと以外の表象をもちえない」と述べている（Nietzsche, KS 12, NF 1885-7 : §2 [172]［ニーチェ 全集Ⅱ・九：２［一七二］）。こうした「存在」は、日本語の「いる」に、およそ重なるだろう。

次に確認したいことは、この生としての「存在」が、素朴な実在論における「実在」でもなければ、社会学的な「機能」でもない、ということである。「実在」は、幻想・妄想・偏見などではなく、五感で「知覚されるもの」、学術用語で「表象されるもの」である。生の「存在」は、そうした「実在」ではないが、幻想・妄想・偏見などでもない。生の「存在」は、実際に日々、人が「いのち」として生き生きと生きているという現実である。人が人と、生きものと、自然と、場合によっては神と、「ともに生きる」ことである。したがって、それは、たとえば、ルーマンの社会システム論が語るような、機能でもない。機能という概念は、「実体」「本質」という基礎のうえに諸事象が成り立っているという秩序観を批判し、諸事象相互の連関を強調するために用いられた。その連関の中味が互恵性であるとしても、それは「表象されるもの」である。これに対し、「ともに生きる」ことは、もっともらしく「これこれです」と規定した瞬間に、うさんくさくなってしまう生動である。

「存在」は、いわば、大切な人の死に臨んだ人の想いをふくんでいる。事実、ヨーロッパの存在論は、はかなく死に逝く「いのち」を護るための祈りをふくんできた。酒井健は「存在論とは……〈無〉を前にして、どうやったら〈存在〉の正当性を打ち出せるかを考えていく立場」であり、「その根本の動機は、〈無〉から〈存在〉を守ることにある。この意味で存在論は存在防衛論」である、と述べている（酒井 二〇〇一：二〇）。この「〈無〉」は、仏教や西田幾多郎のいう「無」ではなく、たんなる死滅である。すべて消し去られ、記憶・痕跡すら残らないことである。それはおそらく、古代のユダヤ民族、そしてヨーロッパの人びとが体験した蹂躙・虐殺の表徴であろう。

§ 存在論批判

この「いのち」への祈りとともにヨーロッパで語られてきたであろう「存在論」は、この言葉が指し示す中味を、別のかたちで規定されたまま、一九六〇年代あたりから、厳しく批判されるようになった。おもに「フランス現代思想」と形容される思想を展開した論者によってである。すなわち、メルロ＝ポンティ、バタイユ（Bataille, Georges 1897-1962）、レヴィナス、フーコー、デリダなどによって。その「存在論」批判は、当然のことながら、一様ではなかった。

たとえば、バタイユにとっては、ヘーゲルの哲学思想が「存在論」の典型であった。そしてそれは、キリスト教思想を前提にした議論であった。すなわち、キリスト教思想の語る「神」、それも「無条件の愛」を語るイエス・キリストへの「信仰」によって、人間を死滅から護ることが、ヘーゲルの基本的な考え方であった。つまり、バタイユにとって「存在論」を批判することは、イエスへの「信仰」を本質とするキリスト教思想を退けることであった。あのニーチェに依りつつ。そのスタンスは、バタイユの主著の題名『無神学大全』（*La Somme athéologique*, 1943-5）に端的に示されている。

たとえば、レヴィナスにとっては、ハイデガーの哲学思想が「存在論」の典型であった。ハイデガーのいう「存在」は、レヴィナスから見れば、彼が『全体性と無限』で述べているように、「全体性」（totalité）であり、それは、民族的共同体のようなもので、「かけがえのない他者」を無視し排除する「存在論的暴力」の源泉であった。人は、「かけがえのない他者」に支えられ、また「かけがえのない他者」を支えつつ生きている。つまり、人は、他者の支えを享受し、他者に支えを贈与する実存である（Levinas 2003（1971）〔レヴィナス 一九八九〕）。このかけがえのない他者の「原像」は、イエスである。レヴィナスは、「無条件の愛」を行うイエスを「原像」（「大いなる他者」Autrui）として生きるとき、人は、他人をかけがえのない他者として気遣うことができる、と考えた。つまり、レヴィナスにおいては、バタイユとは違い、イエスへの信が「存在論」を批判する根拠であった。レヴィナスは、一九七八年の『存在の彼方へ』において、「……存在［という概念］に染まらず神の声を聴くことは、人間的な可能性であり、そうすることは［ハイデガーの論じる］存在の忘却から人間を救出すること、すなわち形而上学や存在神学のなかで堕落してしまった存在からそうすることと、同じくらい重要でありかつ危急である」と述べている（Levinas 2013［1978］：10〔レヴィナス 一九九九：九〕傍点は原文の斜体）。

バタイユの「存在論」批判と、レヴィナスの「存在論」批判は、奇妙な対称性を示している。一方は、キリスト教の「信仰」を否定し、他方は、「神の声を聴く」という言葉に示されるように、キリスト教の信を肯定する。これは一体どういうことか。具体的に確認することは諦め、さしあたり端的にいえば、それぞれが批判した「存在論」は、名称が同じであるだけで、中味は異なることがその原因である。ここでは、議論を先に進めるために、この確認作業を棚上げする。かわりに、ハイデガーのいう「存在論」について、いささか突飛な解釈を提案したい。

§ 交感（呼応）としての「共存在」

ハイデガーにとって、存在論的に思考することは、知覚を踏まえつつも「知覚されないものを感受する」ことにひとしい。彼は、一九五七年の『根底の命題（根拠律）』において「知覚されることとしての聴くことや見ることは、知覚されないものを感受すること（nicht-sinnliche Vernehmen）、つまり、思考のもとに転じ置かれなければならない」と述べている（Heidegger, GA 10, SG: 70）。また一九四六年の「何のための詩人か」（『森の小径』所収）では、「感受する」ことを「心情」（Herz）といいかえている。それは「溢れでるもの」であり、「内在する見えないもの」（Inner und Unsichtbar）である（Heidegger, GA 5, WD : 306）。すなわち、つねに表象に先行し、表象を裏打ちする力動である。

ハイデガーのいう「存在＝共存在」は、この「心情」の広がりと一体ではないだろうか。そうならば、「存在＝共存在」の本態は、「交感（呼応）」といいかえられるだろう。それは、たとえば、赤ちゃんが母親の微笑みに応えて微笑んでいることである。赤ちゃんが、それが「微笑み」であり、親の愛を意味すると知らないままに。また、差し出された食べものを食べていることである。それが「食べもの」であり、栄養を意味するとは知らないままに。また、親が激しく咳き込むとき、赤ちゃんが心配そうな顔をすることである。それが「咳き込み」であり、つらさを意味するとは知らないままに。

つまり、「模倣」としてであれ、「共感」としてであれ、人と人の交感（呼応）は、表象命題としての意味・価値とは無縁に生じる。人は、人の歓び・哀しみ・痛みに交感・呼応するからこそ、音楽を聴くことも、歌を歌うことも、映画を観ることも、小説・マンガを読むこともできる。

ハイデガーもドゥルーズも、「芸術」とりわけ「詩作」のなかに、この「存在」は顕現する、と考えていた（なぜか、二人とも「音楽のなかに」と述べていないが）。つまり、「芸術」は、アポリアの「問い」の答えである「存在」を暗示してくれる、と。この「存在」すなわち、人と人の交感（呼応）は、彼らにとって、たとえば、人を〈よりよく生きようとする〉ことへ誘う「呼び声」として、到来する。そのような「呼び声」を、ハイデガーは「存在の呼び声」と形容しているが、それは、古くからキリスト教思想が語ってきた「良心の呼び声」の翻案であろう。

§ 知ると学ぶの違い

ようするに、ドゥルーズの議論に依りつつ、ビースタの議論を越えていえば、「主体化」の教育、すなわち、本来的に「学習する」すなわち「学ぶ」とは、交感とともに、知覚もできないし表象もできないが、大切なものに向かうこと、すなわちみずから「問う」ことである、といえるだろう。

一つ、確認しておくならば、ドゥルーズにとって「学ぶ」（apprendre）という動詞は、「知（ってい）る」（savoir）という動詞から区別されている。なるほど、日本語の「学ぶ」は、正当化された知識を習得する、という意味で使われているから、「知る」ことに重なるように思われるが、ドゥルーズのいう apprendre は、日本語の「学ぶ」ではない。ドゥルーズにとって「知る」は、「表象」、たとえば、教科書に書かれた言葉を記憶し再現する行為であり、「学ぶ」は、「表徴」、たとえば、知覚の外、言葉の外で暗示・黙示される、大切なものに交感（応答）する活動である。

それは、たとえば、ある音楽を聴いて、その響き、その旋律に心を振るわせ、美しいものを思うことである。それはまた、ヨーロッパの古い教会のなかで、その香り、その空間を知覚しながら、聖なるものを思うことである。それはまた、何の前ぶれもなく、だれかに出会い、その姿、その声、その表情を知覚しながら、自分がまさに愛すべき人がいると感じることである。そうした音楽、教会、人は、私たちが求めている大切なものを、私たちに暗示・黙示する「表徴」である。日本の道徳教育が醸成しようとする大いなる自然への「畏敬の念」も、自然が「表徴」となるときに生まれるだろう。

こうした「表徴」が暗示・黙示する中味（大切なもの）は、いわば、真昼の月のように見えないが、人にそれを求める心があれば、その人の思考のなかにかたちとして現れ、意味（美・聖・愛）として象られる。それは、しばしば思議を超えたこととして、人を大いに驚かせる。あるいは、フーコーが述べたように、人に「歓喜」（plaisir 快楽）をもたらす。すなわち、「問い」のなかで何らかの表徴が生みだす象りが「学び」であり、それは、望外の驚異と歓喜に彩られている。

§ 超越性を考える

「卓越性」（exellence）という言葉が、教育実践を語るときにしばしば使われるが、多くの場合、それは、特段に有能であることを意味している。しかし、人を本当の意味で「卓越」させるのは、いわゆる「問題」と違い、答えが客観的・一意的に定まらない、アポリアとしての「問い」を心に抱き続け、活動することだろう。いいかえれば、本来の「卓越性」とは、眼の前の「問題」の解決策を考えるときでも、その「問題」を超えて思考し感受する自由が、その「問題」をよりよく解決する契機になっている状態であろう。すくなくとも、何かを探究し人を育てる教育の現場は、そうした思考・感受の自由のなかでこそ、生き生きとし、創造的となり、触発的となるだろう。

すくなくとも、ハイデガーは、「卓越性」という言葉を、有能性の領野で用いたりしなかった。それは、だれもが「同等」であることを強いられる「この世界」の「外」でこそ、すなわち「知能・知性」（intelligence）ではなく、「本質的なもの」に向かう「精神」（Geist）の領野でこそ、用いられる言葉である。一九三五年の『形而上学入門』において、ハイデガーは次のように述べている。現代社会を生きる「現存在は、深み（Tiefe）のない世界に滑り落ちている。深みとは、時ならぬときに本質的なものが人に到来し帰来するところであり、人を卓越性（Überlegenheit）へと向かわせ、気高く行動させるところである」と（Heidegger, GA 40, GM：49［ハイデッガー全集四〇：五一］）。さしあたり、この「深みのない世界」の「外」に向かう「精神」の躍動を、暫定的ながら「超越性」と呼ぶことにしよう。

ビースタは、『教育の美しい危うさ』で、いくらか私の議論と重なることを述べている。すなわち「教育学的な関心とは、結局のところ、独自的で根本的に新しいものが世界に到来することにある。このことは、教育哲学がつねに予見できないこととしての可能性（possibility）、すなわち可能であるもの（the possible）の領域を超えるもののために、場所を開けておかなければならないことを意味する」と（Biesta 2013：52）。この「予見できないこととして可能性」は、キルケゴールとレヴィナスの思想を踏まえて語られている。端的にいえば、それは、キリスト教思想のいう「啓示」（revelation）を原型としている。もっとも具体的な「啓示」は、「キリストのパルーシア（臨在）」である。ビースタにとって、「超越」は、彼が教育の核心と考える「主体化」のもっとも重要な契機であるが、ビースタ自身が考える「主体化」に向かうことについては、あらためて論じよう（本書の第七章参照）。

さて、私も主体化を重視するが、私が考える「主体化」は、キリスト教思想に内属していない。それは、一言で言えば、人が「表徴」とともに、存在論的な意味での超越性に向かうことである。この超越性への思考は、宗教が「宗教システム」に閉じ込められ、制度化されていくなかで、そして「存在論」が厳しく批判され、遺物化されるなかで、私たちがあらためて考えるべきことではないだろうか。この、何が超越性と呼ばれるのかという「問い」を抱き続け、考え続けることは、たしかに経済的にも政治的にも有用ではないだろうが、それでもやはり、教育、学びの本態ではないだろうか。

第三章 責任と応答可能性の違い

Chapter 3 : Difference between Responsibility and Response-ability

§ 教育に思想は要るのか

先に、教育に思想が必要であると語るために、実在論・機能論で考えることと、存在論で考えることを、区別してみよう、と提案した。そして、その一例として、「問題」と「問い」を区別してみた。それは同時に、「知る」と「学ぶ」の区別、「表象」と「表徴」の区別につらなる、と述べた。

いわゆる「哲学」研究者のなかには、「存在論」を否定する人もいるだろう。「存在論」は「本質」を前提にしているが、そんなものは幻想である、と。そうした人は、「現象」／「本質」という区別は、「現象」を軽侮し「本質」を重視することである、と考えるだろう。それは、日常的現実を軽侮し、ありもしない「本質」に人を動員することである、と。そして、人が「本質」を求めたがるのは仕方がないが、大切なのは「戯れ」である、と考えるかもしれない。すなわち、大伽藍のように構築された、「本質」を支える「秩序」を揺るがすことである、と。この「秩序」は、たとえば、キリスト教神学の「神の存在証明」のような言説秩序であり、「本質」は「神（性）」である。

　こうした議論を視野に入れつつ、「教育」の存在論的思考が考えるべきことは、「本質」（essence）とはそもそも何か、である。現代の哲学が「本質」と呼ぶものは、存在論においては、ハイデガーの「存在」（Sein）、さかのぼるなら、トマス・アクィナスの「エッセ」（esse 存在）、さらにさかのぼるなら、アリストテレスの「ヒュポケイメノン」（hypokeimenon 基体）、また旧約聖書の「スム」（sum 在る・成る［ハーヤー hayah／エヒイエ ehyeh］）にいたる。それらは、果たしてたんなる「幻想」なのか。それらは、むしろ人びとの真摯な想い・祈りの「象り」ではないのか。また、教育は、そうした想い・祈りをともなう「本質」を存立条件としているのではないか。すなわち、何らかの知識・技能を子どもに伝達する働きかけ、すなわち有能化・社会化の営みにとどまらず、それらをより深く根源的にとらえなおす主体化の営み、いいかえれば、自己創出への支援ではないのか。

　私が存在論的思考とともに試みることは、こうした問いを抱きつつ、「本質」と呼ばれてきたものの本態、私が「事後／潜在のテロス」と呼ぶものの本態に近づくことである。本章では、この試みの一つとして、いわゆる「責任」から「応答可能性」を区別してみよう。どちらも、英語で responsibility、フランス語で responsabilité である。どちらも、字義からすれば、「応答 - できる」（response-able）である。「応答可能性」を「責任」から区別することは、「主体」という概念を、個人主義的「個人」に重ねられたそれから区別し、「下支え」としてのそれに変えることを含意する。こちらも、ラテン語の

subjacere にさかのぼれば、その字義である「下に横たわる」に近い。

§　責任――責任と応答可能性

「責任」という言葉で、私たちは何を思い出すだろうか。たとえば、学校では、「自由には責任がともなう」とか、「それは個人の責任だ」とか、いわれる。個人の意志はたしかに自由であるが、個人の行為には当人が担うべき責任がともなう、ということだろう。また、たとえば、グローバルなビジネスの世界では、「このプロジェクトの責任者はだれか」と、かならず問われる。この責任者は活動すべての「意志決定者」(decision-maker) であり、むろん個人である。日本では、しばしばこのグローバル・スタンダードがきちんと設定されていないので、「責任所在が曖昧」と批判される。

英語で考えると、「責任」は二つに分けられる。responsibility と accountability である。どちらも「引き受けること」を意味するが、「引き受けるもの」が違う。端的にいえば、「責任はだれに帰するのか」と問われるときの「責任」は accountability である。この「責任」は、行為の結果を引き受けることである。なぜか、結果が悪いときに、この「責任」は云々される。この責任は「説明責任」とも形容される。これに対し、「だれが責任をもつのか」と問われるときの「責任」は responsibility である。この「責任」は、行為の遂行を引き受けることである。たぶん、「我が社が責任をもってあなたの年金を運用します」というときの「責任」は、こちらの「責任」であろう。

ところが、ビースタのような現代（教育）思想においては、前者の responsibility は、特異な意味で用いられる。その responsibility は「応答可能性（「応答責任」）」と訳される。応答可能性とは、responsibility の、いわば直訳である。respond（応答）が able（可能）であることである。この responsibility は、フランスの哲学者、レヴィナスが用いた responsabilité の転用である。レヴィナスは、一九七一年の『全体性と無限』という本において、「私が私自身を確立するとき、それは、他者に接するときである」と述べ、そして「他者からの呼びかけにさらされ、その呼びかけにすぐに応えなければならないという切迫感が――現前の突き刺しが――私を貫くとき、私は、応答可能性（responsabilité）として生成する」と述べている。そしてレヴィナスは、この応答可能性は「回避不可能である」という。つまり、人につきまとう、と。なぜなら、その応答として私が語る言葉は、「［他者の］顔（visage）によって拓かれる本来的な言述（discour）、原初的な言葉（premier mot = 神の言葉）に由来するそれ」だからである、と（Lévinas 2003［1971］: 194, 220［レヴィナス 一九八九：二七二、三〇四］）。

こうしたレヴィナスの応答可能性論は、基本的にキリスト教思想を文脈としている。たとえば、レヴィナスは、「顔の現前は、この世界の外からもたらされるが、私を［この世界の］人間的な慈愛（fraternité humaine）に向かわせる」という（Lévinas 2003［1971］: 236［レヴィナス 一九八九：三二七］）。「人間的な慈愛」は「隣人への愛」（agape to plesion/dilectio proximi）である。また、「私を私として位置づけられるのは、他者の本質的な苦難に応答できるからであり、私のなかにその資質を見いだせるからである。大いなる他者（Autrui）は、その超越性によって私を支配するが、同時に私が助けるべき余所者、寡婦、孤児である」という（Lévinas 2003［1971］: 237［レヴィナス 一九八九：三二八］）。この「大いなる他者」は、イエスにほかならない。そしてレヴィナスは、「あの［本来的な］言述が、［人の］思考を条件づけている。というのも、［人が］原初的に知りうるものは、概念ではなく、知恵、すなわち顔が教える不可侵な外性（extériorité）についてのそれ、『汝、殺すなかれ』というそれだからである」という（Lévinas 2003［1971］: 238［レヴィナス 一九八九：三三〇］）。念のためにいいそえておくなら、「汝、殺すなかれ」は、旧約聖書に記されたモーセの「十戒」の一つである。

§レヴィナスの「顔」を看過させるもの

さて、なぜ「顔」(visage)なのか。人が人を「顔」で認知・識別するからだろうか。手や足ではなく。もう少し突きつめて推測するなら、「顔」が「表情」(expression)だから、といえるだろう。すなわち、その人の心情の表れだからだろう、と。face は、ラテン語の facies(外観・容貌など)に由来するが、visage は、ラテン語の videre(注視する・観察する・感知する)に由来する。face と違い、visage は、相手へのかかわりを含意する言葉といえるだろう。そのかかわりは、私たちが、たとえば「悲しそうな顔」「つらそうな顔」を眼にするとき、感じられる。しかしそれは、他者の「表情を読む」ことではない。そうする「自己」も、そうされる「顔」もないのだから。私が呼びかけられ、駆りたてられるときに――鷲田の言葉を引けば、「自分の(閉じた)存在がぶれる」ときに(鷲田 一九九八：一七九)――あなたの表情が「顔」として、ただ現れる。その意味では、ある人の心情を感受することは、その人と自分の――固有的で親密的なつながりだけでなく――根源的で普遍的なつながり(「共存在」)を黙示する、といえるだろう。実際、募金を呼びかけるテレビCMは、決まって貧しく辛そうな子どもの顔を映し出す。とりわけその瞳は、こちらをじっと見つめている。その眼を無視することは、なかなかできない。観る者は、ただ呼びかけられ、駆りたてられる。

この、「顔」を無視できないということが、応答可能性の「回避不可能性」である。そして、レヴィナスにとってその不可能性は、神の被造物としての人の本来性である。すなわち、他者への応答可能性は、人の倫理的言動の源泉であり、人為として看過したり冷遇したりできるものではない。いいかえれば、他者のために生きることが、人が人として生きる本態である。それは、人が、その意志・意図によって生じさせることではなく、他者の「顔」が乞い求めることである。『存在の彼方へ』のレヴィナスの言葉を引こう。「隣人の顔は、その苦難によって私を強迫する。『彼は私を見つめる』。彼のすべてが私を見つめ、私は無関係ではいられない」（Lévinas 2013：148［レヴィナス 一九九九：二一三］）。すなわち、他者の「顔」は、私の「自己」に先立つ。他者の「顔」は、私に応答を迫る「隣人性」（proximité）である。「それ［＝隣人性］は、［私から］区別されるが、［私の］すべての知略の外にありつつ［他者に］無関心でいられないことを意味する」（Lévinas 2013：154［レヴィナス 一九九九：二二一］）。この「隣人性」は、むろん先にふれた「隣人への愛」を踏まえた表現であろう。

レヴィナスには、現代社会の何かが、この他者への応答可能性、他者の隣人性を決定的に蔑ろにしているように見えたのだろう。先ほどの例示についていえば、たしかに、現代社会において、募金を呼びかけるCMを見て、実際にどれくらいの人が募金をしているのか、と思ってしまう。応答可能性と行動のあいだには、かなりの隔たりがあるのではないか、と予想される。たしかに、支援団体に寄付をしたり、大学を休学しアフリカに行きボランティアをしたりする人もいるが、「いやいや、それどころじゃない」と思いなおし、自分の日常生活に立ち帰り、忙しく職務を遂行することが少なくないだろう。もっとも多い選択は、この後者の現実的な選択ではないだろうか。

　この現実的選択は、どんな条件のもとで行われているのか。すぐにわかるように、親近性の無さという条件ではない。すなわち、CMの子どもが実際に眼前にいないということではない。この条件は、いいかえれば、相手との空間的隔たりである。たとえば、目の前にいる、生まれたばかりの赤ちゃんの「顔」が突きつける「責め」は、圧倒的であるが、はるか遠くのアフリカの子どもの「顔」の力は、そこまで圧倒的ではない。空間的隔たりは、人に現実的選択をさせる、大きな条件である。しかし、人にこの現実的選択をさせる、もっと重大な条件がある。いいかえれば、他者の「顔」を看過させるものが、この社会には厳然と存在している。それは、現代社会の現実性である。

§バウマンのリキッド・モダニティ

現代社会の現実性とは何か。ここでまず、バウマン（Bauman, Zygmunt）の「リキッド・モダニティ」(liquid modernity 液状的近代)という概念を紹介しよう(Bauman 2000［バウマン 二〇〇一］)。バウマンの「リキッド・モダニティ」は、「ソリッド・モダニティ」(solid modernity 固形的近代)に対して用いられる概念である。ごく簡単にいえば、固定的な価値規範が前提とされる社会状態が、「ソリッド・モダニティ」と呼ばれ、価値規範の液状化（流動化）が前提とされる社会状態が、「リキッド・モダニティ」と呼ばれる。たとえば、夫婦別姓の容認、学校教育のビジネス化、規制緩和など、旧来の家制度や教育制度などを時代遅れにするものは、価値規範の液状化の事例といえるだろう。

価値規範の液状化は、ヨーロッパでは、すでに一九世紀に始まっているが、そこでも、大規模に生じたのは、二〇世紀後半であり、いわゆる「グローバル化」とともに一気に顕在化していった。日本では、戦後、とりわけ「バブル経済」以降に、顕在化していったといえるだろう。こうした社会的規模の変容は、おもにインターネットに代表される情報機器の格段の高機能化・低価格化に支えられてきた。そうしたテクノロジーが、最小の努力で、最大の効用が、最短の時間で、得られることを可能にした。たとえば「ほしいものをほしいときに」というコピーを可能にした。かつては、何かの意味・価値の大きさは、それを得るための努力（忍耐）・犠牲（専心）の大きさに正比例していたが、リキッド・モダニティにおいては、そのような意味・価値は、時代遅れとなった。
バウマンは、こうした変化は、「権威への臣従」を弱め、教育の前提を解体することになるだろう、という。彼は、二〇一〇年の『リキッド・モダン世界からの四四通の手紙』で、さまざまな経験の下にあるとされた普遍的な世界秩序、すなわち教師が生徒に教えるべき内容、また人びとを導く永遠不変の原理、すなわち教師が体現し生徒がめざすものが忘れ去られつつある、という。「……今、私たちが生きる世界は……［すべての知識を］忘れ去るための仕組みをもち、学ぶことを勧めもしないし、学ぶことにふさわしくもないように見える」と（Bauman 2010：§23［バウマン 二〇一三：第二三節］）。

価値規範の液状化は、つきつめていえば、競争に勝つために要求された社会的趨勢である。古い価値規範にしがみつくことは、他の人・組織に負けることを意味する。〈他の人・組織に勝つためにはなんでも利用する〉という態度が、価値規範の液状化である。それは、一見すると、個人の「自由の拡大」（自己決定の拡大）に見える。しかし、その「自由」は、すべての個人ではなく、有能な個人の「自由」にすぎない。その「自由」が得られないことは、社会問題ではなく、個人の責任と見なされる。それはまた、人びとの「出会いの拡大」につながるように見える。しかし、その「出会い」は、人と人との「出会い」ではなく、他人を慇懃無礼に利用するための「出会い」であろう。

§ 超越性の忘却、信と「信仰」

こうした価値規範の液状化は、だれもが行っているだろう有用性追求を加速するばかりで、そうした行為を超えることを可能にしない。いいかえれば、この社会の通俗通念的な意味・価値に人を埋没させ、そうした意味・価値を人が超えようとする試みを遠ざけてしまう。固定的な価値規範は、たしかに窮屈なものだが、それは、この社会の通俗通念性を超えることを懐胎していた。ヨーロッパにおいて、それは、キリスト教の「信（信仰）」（pistis / fides）であり、「神性」（divinus）である。日本においては、それは、たとえば、仏教的な「信心」であり、「仏性《ぶっしょう》」であろう。

　こうした通俗通念性を超えることは、ヨーロッパにおいては、二〇世紀後半までの、少なくとも一九世紀末期までの、政治・経済・文化の、そして教育の一つの前提であった。ヨーロッパの教育学が前提としていたものも、この超えることとしての超越である。いわゆる二〇世紀以降の「世俗化」「脱宗教化」、そして現代社会の価値規範の液状化は、固定的な価値規範と一緒に、こうした超えることを私たちの意識から放逐してしまったかに見える。「産湯と一緒に……」の俗諺のように。

　この社会の通俗通念的な意味・価値、たとえば「富裕」「健康」「快楽」「名誉」などは、たしかに大切なもので、私たちの言動の多くを規定しているが、それらを超えることも、古来、人びとはつねに密かに求めてきたといえるだろう。すなわち「真の豊かさ」「真の健やかさ」「真の歓び」「真の栄光」とは何か、ようするに〈よりよいこと〉は何か、と。フランスの哲学者、フェリー（Ferry. Luc）は、『人 - 神』（邦題『神に代わる人間』）において、「私たちは、それと気づかなくとも、生存にまさる価値、少なくとも死の危険を冒してもよいと思う価値を定めている。もちろん、愛がもっとも明白で強力なその価値である」と述べている（Ferry 2010 [1996]: 173-4［フェリー 一九九八：一八二］）。

　さしあたり、そうした超えるというベクトルは、それが向かうところの位相（様態）によって、二つに分けられる。一つは、そのベクトルの帰着点（テロス）が、「全知全能の神」のように意味づけられ、規範化されている場合である。そのようなベクトルを「信仰」と呼ぼう。もう一つは、そのベクトルが帰着点が未成・未然である場合、すなわち事前に象られていない場合、思議を超えたものとして人を襲っている場合、そのはたらきが「霊」（puneuma）、「心」（coeur）、「魂」（psyche）、「精神」（Geist）と呼ばれるものに帰せられず、それらがあたかも実体であるかのように表象されていない場合である。そのベクトルを「信」と呼ぼう。むろん、「信仰」と呼ばれるものが信である場合もあるから、これは便宜的な区別である。ともあれ、ここで、この信の向かう先を「超越性」（超越する試みの行先）と呼ぶなら、この「超越性の忘却」が、この社会の現実性の一つである。

§「良心の呼び声」

「そんな超越性など要らない」と思う人も、少なくないだろう。そんなものを持ち出すのは時代錯誤である、と思う人も。しかし、超越性は、かつての宗教が語る超越者に還元されない。超越性は、私たちの心の内側から聞こえてくる「呼び声」でもあるからである。たとえば、バウマンは、こうした「呼び声」は、人がよりよく生きるうえで、不可欠である、と考えている。通念通俗の価値観を前提にしつつ、有用性を追求し、自分の仕事を効率よくこなすことは、たしかに人に「達成感」をもたらすが、それは、人として担うべき「倫理的責任」が、人材として担うべき「技術的責任」に矮小化されることでもあるから。つまり、各人が、自分の職務に専心すればするほど、自分が人として何をするべきなのか、わからなくなることでもあるから。そうした状態は、バウマンが『生の技法』で、ある倫理学者の言葉を引きつつ、「前反省的自発性」（prereflexive spontaneity）と形容するはたらきが蔑ろにされ喪われることである（Baumann 2008 : 104［バウマン 二〇〇九：二〇二］）。

この「前反省的自発性」は、古くからあるキリスト教思想の言葉をいいかえたもの、といえるだろう。すなわち、それは、「霊」「心」「魂」「精神」と呼ばれ、実体化されてきた営みであり、ハイデガーの言葉を用いれば、「良心（存在）の呼び声」である。人は、この「呼び声」に耳をふさぐと、ときに大変なことを平然とやってしまうようだ。それは、たとえば、一九四〇年代のナチス・ドイツにおいて、ゲシュタポのアイヒマン（Eichmann, Adolf Otto 1906-62）が行ったこと、すなわちホロコーストの「職務」である。アーレント（Arendt, Hannah 1906-75）の『イェルサレムのアイヒマン』を読むと、アイヒマンが、自分のしたことについて、自分はただ、国法や指導者の意志に従っただけである、と考えていたように思える。アーレントは、「アイヒマンにも良心はあった。しかし、彼の良心が正常に機能したのはおよそ四週間ばかりで、その後［終戦までの四年間］は逆の方向に機能しはじめた」と述べている（Arendt 2006［1963］［アーレント二〇一一（一九六九）：七六］）。

しかし、まさに同時代のドイツにおいて、この「呼び声」に聴き従った人もいた。たとえば、シンドラー（Schindler, Oskar 1908-1974）や、杉原《すぎはら》千畝《ちうね》（1900-86）である。彼らは、収容所送りになるユダヤ人を、ナチスドイツの監視をかいくぐり、救い出した。シンドラーは、オーストリア生まれのドイツ人であり、さらにナチ党員でもありながら、ナチスドイツ支配下のポーランドにおいて、自分の全財産を使い果たすまで、ユダヤ人を救い続けた。その数は、すくなくとも一二〇〇人を超えている。いや、数の多寡が問題なのではない。戦後、ユダヤ人協会は、彼に「たった一つの「いのち」を救うものは、全世界を救う」という「タルムード」に記されている言葉を贈った（Crowe 2004）。杉浦は、日本の外交官で、ユダヤ人とかかわりがない。にもかかわらず、彼は、ナチスドイツから逃れてリトアニアにやって来た難民たちを、日本の外務省の命令を無視して救った。その数は、六〇〇〇人にのぼるという（杉原 一九九四）。二人とも、あの「呼び声」に聴き従ったといえるだろう。

§ 交感に依る呼応関係という提案

自分が生きている社会の現実性がいかなるものであれ、それに従い流されつつも、内なる「呼び声」を聴き、それに従うこと、すなわち「聴従」は、社会の現実性からの超越そのものである。それは、人として、他者の「顔」に向かうこと、ハイデガーの言葉を用いれば、他者との「共存在」を感じとり受け容れることである。あらためて論じるが、さしあたり端的にいえば、こうした超越の生成は、人の生きざまが、他者への応答可能性として、あらたに生成することである。

なるほど、この他者への応答可能性の契機は、この社会を覆う不確実性かもしれない。バウマンが『生の技法』で宣言してるように、「「人を真に道徳的にする」希望は、確実性、それも保証付きの確実性などにはない」。「不確実性こそ、道徳的人間の本拠地であり、その土壌においてのみ、道徳は芽吹き、生い茂ることができる」だろう（Baumann 2008 : 107 ［バウマン 二〇〇九：二〇六］）。「政治的・社会的不調和といった混乱のなかほど、個人の道徳的な良心の声がよく聞える環境はない」と（Bauman 2000 ［1989］ ［バウマン 二〇〇六：二一六］）。いいかえれば、人が強権的・位階的・規則随順的な組織に組み込まれ、自由を失った情況では、「良心の呼び声」は聞こえにくい、と。たしかに、〈よりよく生きようとする〉力、「良心の呼び声」は、何らかの規範の教育によって形成されるものではなく、そうした規範が揺らぐなかでこそ、発現するだろう。しかし、いったいどのようにして。なぜ不確実性のなかでこそ、人は真に道徳的に生きるといえるのか。もっとはっきりいえば、あの「良心の呼び声」、すなわち「心」、「良心」、「魂」、「精神」と形容されてきたものは、そもそも何なのか。

他者への応答可能性の生成を語ろうとすれば、このとても答えられそうにない問いに向かわざるをえないだろう。この試みの出発点・橋頭堡として、「交感」と「呼応関係」という概念を設えておきたい。私は、応答可能性としての人が、同じく応答可能性としての他者とともにある、という状態を、「同情」（sympathy）や「共感」（empathy）から区別し、「交感」（trans-resonance）と呼び、そこに生じる二者関係を「呼応関係」と呼ぶ。その中味については、あらためて論じるが（第一二章）、さしあたり端的にいえば、この交感に依る人と人の呼応関係は、さまざまな人間関係・社会関係の基底であり、もっとつきつめていえば、人間性の本質である、といえるだろう。

§ デューイの呼応可能性にふれて

この交感の原型は、新約聖書のなかの譬え話、すなわち、ソマリア人が傷んだユダヤ人に対し「心を痛める《スプランクニゾマイ》」ことにも見いだされるが、あのカントが「絶対命令」（kategorische Imperativ いわゆる「定言命法」）と呼んだものも、字面に反するようだが、それである（カントについては、「結論」で再論する）。また、オーストリアの精神医学者フランクル（Frankl, Viktor 1905-97）が「ホモ・パティエンス」（Homo patiens 受苦する存在）と形容した「人間の本質」も、それである（Frankl 1975［フランクル 二〇〇四］なお、山田邦男の『フランクルとの〈対話〉』も参照されたい）。

確かめておけば、デューイもまた、この応答可能性に似たことを述べている。ただ、デューイの場合、人と人だけでなく、人と事物のあいだにも、この応答可能性を見いだしている。彼は、『経験と自然』のなかで、「私たちは、事物を名前で『呼ぶ』が、なぜ、事物が答えるといってはならないのか」と反問し、「すべての事物は、潜在的に呼応可能性（communicability）を秘めている」と断言している（Dewey, CW, lw. 1, EN : 141-2）。この communicability は、ラテン語の communicabilitas であり、キリスト教思想では、この言葉は、神の属性が人に「伝搬する可能性」という意味で使われる（たとえば、一三世紀のキリスト教の聖人、ボナヴェントラ［Bonaventura 1221-74］の著作『［精神の］神への道程』（*Itinerarium Mentis in Deum*）の第五章第八節などに、その用例が見られる）。ちなみに、トマス・アクィナスのいう「存在」（esse）は、不変不動の実体のように語られるが、稲垣良典の研究によれば、神が「最高の仕方で自分を被造物に伝え・共有する」こと、つまり神と人の「交わり」（communicatio）をさしている（稲垣 二〇一三：一七八）。つまり「存在」は「ともに在る」ことである。そこに、究極的な不変不動の「本質」などない。交わろうとはたらくこと＝「存在」が「本質」である。

ともあれ、この呼応可能性は、「序論」で述べた公共善を想像する要である。それは、人が他者を感受するまえに生きものを感受し、生きものを感受するまえに自然を感受している自分を思い出そうとするときに不可欠な感受性の広がりの本態である。ちなみに、この呼応可能性は、さかのぼれば、修道士アッシジのフランチェスコ（Francesco d'Assisi 1182-1223）に見いだされる、東方教会的思考ではないだろうか。ちなみに、彼は現在、「エコロジーの聖人」と呼ばれている。人間と獣、草木の区別なく、「いのち」に感応する人として。ただし、牧歌的に語られることの多いその思想は、下村寅太郎が見いだしているように、フランチェスコの悲嘆、憤怒のなかの「叫び」「嗚咽」でもあった（下村 一九九〇：一〇。Le Goff 1999［ルゴフ 二〇一〇］も参照）。漆黒の闇のなかの「祈り」であった。

さて、このように確認するなら、デリダが一九九九年の『死を与える』（*Donner la mort*＝他者のために死ぬ）で、次のように述べたことが、一応、理解可能になるだろう。デリダは、「『責任』が何を意味するか、十分に概念化し主題化し思考することなく、それを人に要求すれば、かならず何らかの無責任が忍び込む、それもあらゆるところに」と述べている（Derrida 1999：45［デリダ 二〇〇四：五七］）。すなわち、個人の「責任」は、これまでの議論からすれば、応答可能性を前提にして成り立つが、それを知らずに、規約（規範）・制度（通念）への違背だけを理由に人の「責任」を問えば、人への応答可能性を作動させるという本来の責任を、あらゆるところで放棄することになる、と。

第四章　感情と感受性の違い

Chapter 4 : Difference between Emotion and Sensability

§ ふりかえって

存在論は、ずいぶんと長い間、あのアリストテレスの「形而上学」と重ねられた「存在論」ではなく、ハイデガーのいう存在論、すなわち共存在論である、と論じた。ハイデガーの共存在は、「共生」「共同」といった言葉で語られるところと重なるが、かならずしも一致しない。

たとえば、「ともにいるなど、ただの幻想。人は孤独だ。一人生まれてきて、一人で死んでゆく」といった表現は、すでに共存在を前提にしている。「孤独」「一人」という言葉が意味を成すのは、そうではない状態を、その人が知っているからであり、たぶんどこかでそれを望んでいるからである。

すなわち、共存在は、なによりもまず、前提了解として、私たちの意識にある。しかしやっかいなことに、その前提了解を「これこれである」と述定（表象）してしまうと、それは、実在論になってしまう。それは、知覚不可能だが感受可能であり、表象不可能だが表徴可能である。

この、やっかいな共存在概念は、たとえば、「責任」から区別される、レヴィナスの「応答可能性」として現象する。おそらく多くの人が経験しているだろうが、人は、自分の「意志・意図」、つまり「自己」（「自己中心」というときの「自己」）を超えて、たとえば、苦しむ・傷んでいる他者の求めに応える。そのとき、私たちは、他者の実際の「求め」にというよりも、「良心の呼び声」というほかない「呼び声」に応えている。この呼び声は、「自己」から区別される「私の深奥」から湧きあがり、「自己」「意識」を衝き動かす。社会の圧倒的な「現実性」を揺るがしつつ。その「呼び声」は、かつてアウグスティヌスが「内在する人」と呼んだものだろう（第一〇章参照）。

この「呼び声」によって揺れ動く「私」は、いいかえれば、「心（情）」（heart / coeur / Herz）である。苦しみ・傷んでいる人を見て苦しくなるのは、「私」の「心」である。この「心」は、どう考えても、心理学がいう「心」ではないだろう。ここでその違いを語ることはできないが、あえて端的にいえば、ここで語ろうとしている「心」は、客観的・科学的に分節して記述できるものではないだけでなく、個人個人、一人ひとりに帰属し、そこに閉じ込められているものでもないからである。

この「心」が、いわゆる「感情」すなわち喜・怒・哀・楽などとどういう関係にあるのか、それを示すことで、いくらかこの「心」の内実が見えてくるだろう。あらかじめ述べておくなら、この「心」は、およそ「感受性の広がり」としてとらえなおされる。

§ 感情とそれを超える想い

「たくさんの涙」(“A million tears”)という詩がある。この詩は、三九歳で他界した、アフリカ生まれのスウェーデンの写真家・音楽家、アレア・スタンブリッジ(Stanbridge, Aleah L. 1976-2016)が、おそらく闘病生活中に書いただろうものである(Trees of Eternity, *Hour of the Nightingale*, 2016)。

「いろいろな事を話したいのに、私は顔を覆い、背ける。言葉を飲み込み、押しだまる」。「たくさんの涙を流したいのに、私は顔を覆い、堪える。傷心を飲み込み、押しころす」。「私とともにここにいて。枯れてゆく私をただ抱いて」(Please stay here with me / Just hold me as I bleed myself dry)。「私をまっすぐに見て。私の眼の中にあるたくさんの涙の彼方を見て」「私の眼の中にある恐怖の彼方を見て」。……中略……「私のまわりに張りめぐらされた柵のように、[私とあなたをへだてる]この境界は、牢獄をつくりだす。私に必要なのは、それを突き破る嵐」。

この歌には、いわゆる「感情」と、その「感情」を超えるものが描かれている。すなわち「私」は、いろいろなことを「あなた」に話したいのに、話せない。つらくてたくさん泣きたいのに、「あなた」の前では、何でもないかのように取りつくろう。しかし、どんなに我慢していても、抑えきれない衝迫がある。それは、ここで「あなた」と一緒にいたいという「想い」(ないし「祈り」)。この想いは、死の恐れという「私」の感情の「彼方」にある。この「想い」をわかってほしい、と。

この想いは、「哀しみ」「恐怖」という感情から区別されるが、だからといって「理性」ともいえないだろう。この想いを「交感」への想いとして敷衍することが、本章の課題である。私の考えるところでは、それは、いわゆる「感情」の基底にある、存在論的な「感受性」の裸形の現れである。

§ emotion と passion

まず、確認しよう。〈理性／感情〉という区別は、今でも私たちの通念の一つである。この区別自体は、プラトンに由来し、明治期にヨーロッパから入ってきたようであるが、似たような区別は、江戸期の日本にもあった。〈理（ことわり）／情（なさけ）〉の区別である（厳密にいえば、この二つの区別は、一致しないが、ここで、そうした言語文化的差異を子細に検討することは、あきらめる）。

ふりかえってみれば、近代の教育学は、理性による「感情の制御」を説いてきた。明治・大正期以来、日本の教育学は、感情を抑制し馴致することを、教育の課題として繰りかえし語ってきた。

ちなみに、この「感情の制御」を意味する言葉とされたと思われるのが、大正・昭和初期の教育学者、篠原助市（1876-1957）が一九二二年の『批判的教育学の問題』で語った「自然の理性化」である。篠原は同書で、ヘーゲル、デューイにふれつつ、人を「ある」状態から「あらねばならない」状態に「ひきあげる働き」を「教育」と定義し、それを「自然の理性化」と称している。篠原は、それは「［人の］自然を支配し、［理性による］自由を実現してゆく」ことであるといい、「教育は自然の人を真人間に高むる」ことであり、「反省によりて自己の中に真人間を発見する」ことである、という（篠原 一九七〇：一二九、一六八、一四六）。篠原のいうこの「自然の人」は、感覚・感情に左右されるままの人と解釈されてきたが、そのような解釈は、篠原の意に反する通俗化というべきだろう。

ともあれ、この、理性から区別される感情とは何か。心理学では、「感情」という言葉は多義的すぎるといって、「情動」（emotion）という言葉が使われている。たとえば、さまざまな情動のなかで、喜・怒・哀・楽を「基本情動」と呼び、それらを脳神経内の生得的に存在する内的プログラムと見なす、という。この考え方は、「基本情動論」と呼ばれる。ほかにも、「社会的構成主義」と呼ばれる考え方もある。その考え方では、この内的プログラムは生得的なものではなく、社会的に構成されたもの、と見なされる。古い哲学用語を用いれば、ア・プリオリではなく、ア・ポステリオリである、と。

しかし、どちらの考え方も忘れていることがある。それは、emotionという言葉が使われるようになったのはたかだか一六世紀で、一七世紀においてもそれは新奇な言葉だった、ということである。たとえば、有名なデカルトやヒュームのいう「感情」も、emotionではなくpassionである。emotionは、実体としての個人を前提にする心理現象であるが、前近代に用いられていたpassionは、個人を超えるもの、他なるものとのつながりを暗示している。注目したいのは、この過去の遺物のようなpassion、さかのぼれば、ラテン語のpassio（パッシオ）、ギリシア語のpathos（パトス）である。

§ パトスに支えられるカント

カントは、ルソー（Rousseau, Jean-Jacques 1712-78）とともに、近代教育思想の起点に位置している。そのカントの「感情」（Gefühl）についての考え方に立ちかえろう。カントは「感情」のほとんどを疎んじていた。たとえば、一七八七年の『純粋理性批判』において、カントは「快／不快の感情」を「認識ではまったくない」と断定している（Kant, KrV, W 3/4 : B66［カント 二〇一三］）。また、一七九七年の『人間学』においては、「情念」（Leidenschaft［=passio animi］）は、純粋な実践理性にとっての癌であり、多くの場合、けっして治らない」と述べている。「情念は……例外なく悪い感情であり、……道徳にとって忌まわしいものである」と（Kant, W12, ApH : §78, S. 600-1［カント 全集一五：第七八節］）。

カントは、「感情」を心理現象ではなく、「理性」を超えて「人に襲いかかるもの」と見なしていた。ハイデガーに学んだ教育学者のボルノウ（Bollnow, Otto F. 1903-91）も、そのようにカントを理解していた。ボルノウは、一九五八年の『畏敬』（Die Ehrfurcht）において、「［カント］は、感情を、感性の『受容』［という営み］によって、外から人に襲いかかることを許す何か、と感じている。その感情は、理性に規定された人間の本質から隔てられたものであり、どこまでも『暗く』、知性あふれる生の明るさと鋭く対立するものである」と述べている（Bollnow, BS 2, E : 25［ボルノー 二〇一一：四二］）。

しかし、カントは、「感情」すべてを「暗い」と否定しているのではない。これもボルノウが確認しているように、カントは、一七八八年の『実践理性批判』において、「尊敬（畏敬）」（Achtung）という「感情」を、快／不快を本質とする他の「感情」から区別し、「道徳感情」（moralische Gefühl）と形容し、高く評価している。それが、「完全なる善」と一体である「理性」に貫かれているからである。「この感情を規定する原理は、純粋な実践理性にふくまれる」。「この（道徳的と形容される）感情は、つねに理性によって生じる」と（Kant, W7, KpV : 196, 197［カント 全集七：二三二、二三三］）。

注目したいのは、この「道徳感情」である。なぜ、この「尊敬」という「道徳感情」は、「完全なる善」と一体である「理性」をふくんでいる、といえるのだろうか。そのヒントは、「理性」は、さかのぼれば、「隣人への愛」を説く「神のロゴス（言葉）」である、ということである。これまた拙速ながら、端的にいえば、この「道徳感情」が「理性」をふくむのは、この「道徳感情」が、イエスへの信を原型としているからである。すなわち、この「道徳感情」が、もっとも古い意味での「パッション」、つまり「パトス」を意味するからである。少しだけ敷衍しよう。

§敢然性を喚起するパトス

カントの「道徳感情」の本態であるパトスは、アウグスティヌスに代表される、古代のラテン教父神学において、passioとして表記され、よく使われた。さしあたり端的にいえば、そうした用例におけるpassioは、イエス・キリストの「受苦・受難」（パテーマ）を意味するとともに、「（異なるもの・苦しいことを）引き受ける」こと、さらに「行動を引き起こすもの」であることを、意味する。

そのパトスみなぎる行動の本質は、苦しみの感情を超えて敢えて行うこと、「敢然性」（daringness）である。もっとも古いその行動は、新約聖書に描かれているそれで、十字架のうえで刑死した、あの「キリストの苦しみに与《あずか》ること」である。新約聖書の主要な著者の一人、パウロは、「私たちは、耐えがたく迫害され、生きる望みすら失った。私たちは、死の宣告を受けたようだった」（Ⅱコリント 一・八-九）と述べつつも、「だれが、キリストの愛から私たちを引き離せるだろうか。苦難か、苦痛か、迫害か、飢餓か、裸か、剣か」と問い、だれにもできない、と黙示する（ローマ 八・三五）。そして「私は、苦難（thlipsis）を誇りとする」と宣言する（ローマ 五・三）。想像するに、パウロは、イエスの殺害という事実を、迫害に耐えるというかたちで引き受け、「愛（アガペー）」を宣《の》べ伝えるというイエスの意思を継ぐことで、あきらめくじけそうになる自分を奮い立たせていたのだろう。

そうであるとすれば、カントのいう「道徳感情」の原型であるイエスへの信は、他者と同じ苦しみを、敢然と「受け容れる／引き受ける」ことにひとしい、といえるだろう。すくなくとも、この敢然と「受け容れる／引き受ける」という生き方、いいかえれば、自分が他者（イエス）とつながっているという確証など何もないのに、敢えて自分と他者（イエス）をつなぎつつ生きるというその生き方のなかでこそ、他者（イエス）は「尊敬」の対象となる、といえるだろう。

「交感」を人間の（存在論的）本質と位置づけようとするとき、このパトス、すなわち個人・自己を超えて自分と他者を敢然とつなぎつつ生きることは、この位置づけのための重要なヒントを示しているように思われる。ここで、この言葉が暗示し続けてきた深い含意を、「宗教的」と揶揄し捨象することなく、その成り立ちを考えながら、できるだけ取りだしてみよう。

§ 知覚の感受性（心情）

その第一歩は、「知覚」（perception おもに見る・聞く）とともに生じる「想像力」（imagination）が、いわゆる「感情」を生みだす、と考えることである。たとえば、なぜ怖いのか、なぜ嬉しいのか、なぜ悲しいのか、なぜ苛立つのか、と問うなら、それらの「感情」は、すべて私たちが何かを知覚し、その意味を認識し、何かを想像（予感・妄想）するから生じる、といえるだろう。さしあたり問いたいのは、「いらいら」「わくわく」「むかむか」「どきどき」といった擬態語・擬情語で形容される「感情」そのものではなく、それを生みだす想像力であり、この想像力を生みだす知覚である。

ここでは、「何が想像力と呼ばれるのか」という問いを後の章の課題とし、「何が知覚と呼ばれるのか」考えたい。「知覚」といえば、いわゆる五感であり、いわゆる「知覚されるもの」は、すでに言葉の意味で彩られた象りである。だからこそ、人は自分が生きている世界のなかで「借りてきた猫」状態にならない。しかし、意味になる前、象られる前の、「知覚されるもの」がある。いわば、身体感覚としての知覚によって受容されたものである。そのような身体感覚のはたらきは、ハイデガーが「感受する」（Vernehmen）と呼ぶものであり、ドゥルーズ、ナンシーが「サンス」（sens）と呼ぶものである。さらにそれは、鷲田清一がいう「世界のなかのいろいろな出来事が身体と浸透しあい、たがいに反響あるいは共振」すること、だろう。鷲田によると、さきほどふれた擬態語・擬情語などは、こうした身体感覚的な「反響」「共振」の言語表現である（鷲田 二〇一二：九）。また、鷲田は、この身体感覚的なはたらきを、人間と人間以外のあいだにも見いだそうとし、メルロ＝ポンティ（Merleau-Ponty, Maurice 1908 - 61）の言葉を用い、「間 - 動物性」（inter-animalité）と呼んでいる（鷲田 二〇一三：二二九）。ここでは、こうした身体感覚的な受容力を「感受性」（sensibilité）と呼ぶ（呼んできた）。

この感受性は、人の生来的＝本来的な力、といえるだろう。たとえば、感受性が創りだす広がりは、赤ちゃんにもあるはずである。赤ちゃんが世界をどのように感じているのか、私自身経験していながらさっぱり覚えがないが、それは、感受性の広がりそれ自体ではないか、と想像される。はじめのうち、この感受性の広がりは、のちに「母親」と象られるものと一体であろう。いいかえれば、のちに「母親」として分けとられる（＝わかる）ところ、「母親」が象られるところ、いわば、キャンバスが、感受性の広がりといえるだろう。そして、この感受性の広がりのなかで最初に象られる「母親」は、おそらくこの感受性の広がりと、その後も、なんらかのつながりをもちつづけるのではないだろうか。そしてそれが、「母親」が「かけがえがない存在」と形容される主要な契機ではないか。こうした、原初の感受性の広がりは、意識の外にあるから、論理的にいって、記憶しえないだろう。

ともあれ、私が理解するところでは、後年のハイデガーが、端的に「心（情）」（Herz）と呼んだものは、この感受性の広がりである。そしてハイデガーは、それを「存在」（＝「共存在」［ともにという存在］）と等値している。そう考えられるなら、感受性の広がりのなかで意味づけられたもの＝象られたものが、いわゆる「ものごと」、すなわち存在論のいう「存在者」（Seiende）であり、それは、その前提である感受性の広がり、すなわち存在論のいう「存在」から区別されるだろう。つまり、「存在」

と「存在者」という「存在論的差異」（ontologische Differenz）を、「感受性の広がり」と「知覚・表象」

という存在論的差異として、とらえなおすことができるだろう（あくまでも私見である）。

§自己感覚、世界、気分

さらに私見を述べるなら、この感受性のはたらきは、幽かな自己感覚を反映しつつ、自分が生きる世界を感じとり、そのなかにいる自分を漠然と感じることである。その漠然たる感じが、いわゆる「気分」であろう。ふたたび引き合いに出せば、ハイデガーは、『存在と時間』のなかで、現代人の根本的な「気分」（Stimmung）は「不安」（Angst）である、と述べている。現代人は、〈本来、人としてなすべきことをなしていない〉と感じていて、その自己感覚を反映しつつ、世界を〈離脱可能である頽落態にある〉と感じ、かつ自分を〈このままではだめだ〉と感じる。それが「不安」である、と。この「不安」は、途方に暮れた状態ではなく、〈なすべきことをなす〉という決意をふくんでいる。

こうした決意をふくんだ不安は、ときどき、小説のなかに描かれている。たとえば、夏目漱石の『それから』の最後に描かれている「覚悟」も、この気分であろう。その小説の主人公、代助《だいすけ》は、恋愛問題のゴタゴタの末、親から勘当され、高等遊民を続けることができなくなり、〈これから、「仕事」というもっとも自分が嫌悪してきたものに就き、それと対峙しなければならない〉と漠然と感じたとたん、「世の中」を、「真っ赤」な「焔の息を吹いて回転し」、自分に襲いかかるものと感じる。さらに彼は、自分のなかに、その「凡てと戦う」「覚悟」が生まれた、と感じる。

私たちの幽かな自己感覚は、世界を感じとりつつ、自分を何らかの気分にさせる、といえるだろう。いいかえれば、この自己感覚は、バウマンのいう意味で「液状的」ではなく、何らかのベクトルをもつといえるだろう。例示したことに即していえば、なすべきこと、安らかさ、正しさに向かっている、と。そうしたベクトルの向かうところ（テロス）を、ハイデガーは「静謐（安寧）」（Gelassenheit）と呼び、ナンシーは「愛」（amour）と呼んだのだろう（田中 二〇一七 を参照されたい）。念のためにいえば、これらの言葉を実体を指し示すものと考えるべきではない。現状を受容しつつも否定し、それに抗い続けるときに、彼方に想像されるテロスを形容した、いわば詩作的な言葉である。それを実体的に語ることよりも、それに向かう思考、〈よりよく生きようとする〉想いのほうが、喜ばしい。

§ 感受性の広がりとしての交感

さしあたり、次のように考えられないだろうか。人が、他の人と、感受性の広がり＝心情＝「（共）存在」において、通底していること――これが、「私」と「あなた」が交感することである、と。そして、この知覚、表象を超えた交感のなかでこそ、たとえば、親と子が無条件に呼びかけ応えあうような呼応関係が生じうる、と。さらに、特定のだれかに対し、この呼応関係を無心に強く求めることが、さきほどふれた歌に描かれていたような、「想い」であり、共鳴共振である、と。加えてさらに、「気配を感じる」というときの「感じる」も、ただ知覚・感覚することではなく、交感することだといえるだろう。鷲田は、先にふれた著書で、「気配には、さだかな象りがない。しかしそれは、くっきりしたものの姿かたちよりも執拗に、そして鈍重に、わたしたちの感覚をひきずり込む」と述べている（鷲田 二〇一一：一六三）。こうした気配は、知覚・感覚から区別される感受性がとらえた何か、ハイデガーのいう「気分」と同じではないが、それとつらなっている何かであろう。

さて、もしも、このように考えられるとすれば、「心の中」といわれるものを非実体化できるのではないか。私たちは、「心の中」にさまざまなものを見いだす。大森荘蔵に倣っていえば、その最たるものが、あの得体の知れない「感情」である（大森 二〇一一：四五三）。しかし、本当にそんなものが「心の中」にあるのだろうか。感情の本態は認識であり、その背後に世界に広がる感受性があるのではないだろうか。私たちは、「心の中」という枠を勝手にでっちあげて、感情を生理的反応と一緒にそのなかに封じ込め、その生理的反応を「いらいら」「わくわく」と形容しているだけではないだろうか。この「心の中」という枠を取り払うなら、そこに、感受性の広がりとしての心情が、自然と現れてくるのではないだろうか。大森の言葉を引こう。「我々は安心して生まれついたままの自分に戻れば良いのだ。其処では、世界と私は地続きに直接に接続し、間を阻むものは何もない。梵我一如、天地人一体、の単純明快さに戻りさえすれば良いのだ」（大森 二〇一一：四五五）。むろん、何らかの事情で、この単純明快さに容易に戻れないから、臨床心理学や精神医学が必要とされるのだろうが、そうであるとしても、感受性の広がりは健やかなる〈自然《じねん》〉といえるだろう。

　たしかに、この感受性の広がりは見えないし、語りがたい。虚構、妄想と難じられるかもしれない。しかし、こんなふうに考えたらどうだろうか。感受性の広がりは、知覚・感覚、発話・叙述に、生気をすでに与えている、と。発話するときの声についていえば、それは、鷲田が「〈声〉の肌理」というときの「肌理」、すなわち「言葉の感触や律動や音韻」が生みだす何かによって、証される（鷲田 二〇一一：一五八 - 九）。この肌理は、「私」がメッセージばかりに注目していると、感じそこねる何かであり、ほかならない「あなた」とつながっていると、圧倒的な強度で感じられる何かである。感受性の広がりは、私たちが、「目を見張る」「耳をつんざく」といわれるような、リアルな知覚・感覚の営みに圧倒されているかぎり、感じられにくいし、またもっともらしい——つまりだれにむかって語りかけているのかわからない――意味・価値の発話・叙述の営みに浸っているかぎり、わかりにくい。しかし、それは、私たちの、どのようなものであれ、知覚・感覚の営み、発話・叙述の営みを下から支え、すでに生き生きとさせている生きた地盤、といえるのではないだろうか。

第五章　ものとことの違い

Chapter 5 : Difference between Mono *and* Koto

§ ふりかえって

前章で、いわゆる「心の中」を棚上げし、「心（情）」とは身体感覚全体が作りだす感受性の広がりである、と考え、この感受性の広がりは、さまざまな感情、知覚内容、意味・価値の前提ではないか、と提案した。これは、いいかえれば、もしも感受性の広がりが希薄であれば、感情、知覚内容、意味・価値が成り立たなくなる、ということである。これは、精神医学的な事実につながるだろう。フランスの精神医学者、ミンコフスキー（Minkowski, Euéne 1885-1972）は、今でいう「統合失調症」の患者に、この事実、すなわち感情がなくなった状態、彼のいう「現実との生きた接触」（contact vital avec la realité）

の喪失、を見いだしている（Minkowski 1927［ミンコフスキー 一九九一］）。その患者は、懐かしいはずのものを見ても何の感慨ももたず、人の表情を見てもその気持ちがわからない。

私たちは、「活動」（activity）という言葉をごくふつうに使っているが、その原義は「活き活きとした動き」である。この原義は、ミンコフスキーのいう「現実との生きた接触」を可能にする感受性の広がりを暗示しているように思える。いいかえれば、人の営みの存在論的位相を示しているように。私たちは、現実を「科学的」ないし実在論的に見るように教えられてきたが、それは、「こと」よりも「もの」を見ることといえないだろうか。すなわち、連綿とつながる「こと」＝「世界」を切り分けて、これは本、これは猫、これは……、というふうに、一つの「もの」に切り詰めて見ることではないだろうか。そこで見失われがちなものが、切り詰められる前の、連綿とつながる「世界」であろう。「活動」とは本来、この「世界」のなかで生きることではないだろうか。それは、よくいわれる「参加」「参画」よりも深い、人、生きもの、自然とのつながり、といえるだろう。

後で立ち返ることであるが、デューイは、この本来的な「活動」を可能にする、人の「世界」との深いかかわりを「インタレスト」（interest）と形容した。この言葉を常識的に「興味関心」と訳せば、その本来の意味は失われてしまう。というのも、デューイは、この言葉の意味はラテン語の inter-esse であると明記しているからである。つまり、「存在［という広がり］に内在する」ことである、と。これは、「私が」という意図・意識が棚上げされ、「存在」と自分が一体である状態である。

さて、本章では、ふだん私たちが使っている日本語の言葉、「もの」と「こと」、「ある」と「いる」に、感受性の広がりのような存在論的位相を見いだしてみよう。これは、たとえば、「傷みというもの」（What one is in pain）と「痛いと感じること」（Being in pain）を区別することであり、「人間というもの」（What human is）と「人がいること」（Being human）を区別することである。こうした区別は、ハイデガーの存在論のいう「現存在」（Dasein）、すなわち「世界内存在」（das in-der-Welt-sein）という人の生存様態を、日本語的に記述しなおすことを可能にするだろう。

§「もの」と「こと」

私たちは、「もの」と「こと」を、自然に使い分けている。たとえば、「勉強すること」の「こと」と、「勉強するもの」の「もの」は、意味がちがう。前者の「こと」は、「大事なことは勉強することだ」というときのように、動作の全体をさす。後者の「もの」は、「数学は、ひたすら勉強するものだ」というときのように、動作の対象をさす。なお、後者の「もの」を「者」と見なせば、それは、動作の主体（生徒や児童など）をさすが、「勉強する者」という表現は、一般的ではないだろう。

もう一つ例示しよう。たとえば、「赤い花というものは……」とはいうが、「赤い花ということは……」とはいわない。前者の「赤い花というものは……」は、「白い花、黄色い花、ピンクの花など、といろいろな色の花のなかで、赤い花というものは……」という、「花があること」全体の一つの要素を表現しているといえる。同じように、「猫が寝ているということは……」とはいうが、「猫が寝ているというものは……」とはいわない。前者の「猫が寝ているということは……」は、「猫が寝ているということは、部屋が暖かいからとか、疲れているからとか、ごはんを食べた後だからとか、……」と、いろいろな要素をふくむ、「猫がいる」こと全体を表現しているといえる。

こうした「もの」／「こと」の使いわけに通底することは何か。哲学者の廣松渉（1933-94）は、一九七九年の『もの・こと・ことば』において、「〇〇グループのメンバー」が「もの」であり、

「〇〇グループ」が「こと」である、と規定している（廣松 一九七九）。いいかえれば、集合の要素が「もの」であり、集合の全体が「こと」である、と。確かめておけば、この区別は、先に挙げた動作の全体と動作の対象にもあてはまる。動作の対象は、動作の全体の一部とみなすことができるからである。

さて、このように考えるなら、「こと」は「もの」よりも大きい。あるいは、「こと」があるから「もの」がある。その意味では、「こと」と「もの」は、「地」と「図」の関係にある、といえるだろう。たとえば、闇の中に何かが見えるとき、静寂の中から何かが聞こえてくるとき、その何も見えない「闇」、何も聞こえない「静寂」が「地」であり、見える「何か」、聞こえる「何か」が「図」である。これは、「感受性の広がり」と「感情」「意味」の関係に似ていないだろうか。

こうした「もの」と「こと」の関係（二つの位相関係）を、いくらかでも説得的に語るために、「ある」と「いる」という、日本語独特の存在の表現について確認しておきたい。

§ 「ある」と「いる」

「ある」も「いる」も、日本語で「存在」を意味する言葉である。しかし、私たち日本人は、「ある」と「いる」を使い分けている。たとえば、「あなたがここにいる」といい、「あ、猫がいる」といい、「東京にも川がある」「川岸に岩がある」という。「あなたがある」とはめったにいわないし、「川がいる」とはまずいわない。通俗的には、「ある」は、無生物（事物・物体）に対して使い、「いる」は、生物（いのちあるもの）に対して使う、と考えられている。長年、日本語教育に携わってきた山下秀雄も、『日本のこころとことば』で、そのように述べている（山下 一九八六：五二）。

ここで、「ある」「いる」の存在論的位相を、精神医学者、木村敏の議論を参照しながら、考えてみよう。木村は、一九九二年に発表した「偶然性の精神病理」という論文で、「アル」と「イル」の違いについて、およそ次のように論じている。「アル」は、何かがたまたま場所を占有していることであり、「イル」は、有限の生きものが場所を見出していることである、と（木村 著作集七 偶然性：一〇〇-一）。たとえば、「川岸に岩がある」「庭に池がある」であり、また「家に人がいる」「こたつのなかに猫がいる」である（ちなみに、教育学でよく使われる「居場所」は、後者の場合の「場所」である）。このような規定は、先の〈「ある」－無生物／「いる」－生物〉という使い分けを、〈「ある」－たんなる事物／「いる」－はかない生存〉として敷衍したもの、といえるだろう。すなわち、「ある」は、「存在」を事物として、「ない」をふくまないものとして認識することであり、「いる」は、「存在」を生存（実存）として、「いなくなる」をふくむこととして認識することである、と。

こうした木村の議論は、ニーチェの「力への意志」に傾いたもので、「アル」も「イル」も、人為の虚構である意味であり、そうした意味以前に「力」としての「生命」が「在る」と論じられている。すなわち「『イル』が人間的現存在に固有の実存規定として、『アル』が非実存的存在者の存在規定として、それぞれに振り分けられ」ているが、「これはすべて人間が生きていることに由来する虚構以外のなにものでもない」と。さらに木村は、「家屋と言語、それは人間がこの世界に持ち込んだ数々の虚構のうちでも、もっとも始源に近い虚構と言えるだろう」と述べている（木村 著作集七 偶然性：一一五-六）。「家」はともかく、たしかに「言語」は、たしかに意味を構築するものである。

このような木村の意味＝虚構論に対しては、次のような疑問が生じるだろう。すなわち、「アル」「イル」のみならず、言語で構築された意味をことごとく「虚構」と意味づけることは、それ自体、人為の虚構ではないのか、木村、ニーチェの用いる言語だけが、どうして「虚構」を語っていないといえるのか、もしも自分が構築した意味が「虚構」でないとすれば、何がそのような営みを可能にするのか、もしも自分が構築した意味も「虚構」であるとすれば、何のためにそのような営みをするのか、と。しかし、こうした疑問を真顔で提起しても、消耗する論争を生むだけで、実りはない。人は、構築された意味を超えて、感受し思考しているからである。「ある」「いる」にかんして、そうした「外」への思考を、今一度、木村の議論にふれながら、私なりに象ってみよう。

§「世界がある」なかで「私がいる」

これまでの議論を踏まえつつもずらし、「世界がある」と「私がいる」という表現を、次のように考えてみたい。すなわち、「世界がある」は、事物としての世界があるという認識ではなく、「自己」を超えた「世界」という「こと」を感受する、であり、「私がいる」は、個人としての私がいるという認識ではなく、ほかならないこのはかない「私」という「こと」を感受する、である、と。

いいかえれば、「ここに世界がある」「ここに私がいる」というときの「がある」「がいる」は、たとえば「この町は一つの世界である」、「この写真に写っている人は私である」というときの「である」から区別される。前者の「がある」「がいる」といわれる「世界」「私」は、要素を可能にする集合としての「こと」である。後者の「である」といわれる「世界」「私」は、集合のなかの要素としての「もの」である。この「こと」は、木村の言葉を流用すれば、「ノエシス的な根源的事実を成立せしめている場所、ノエマ的に見れば無であるところの場所」である。「ノエシス的」は「どうしても言葉にならぬ絶対的に直接的な『こと』がおのずから立現れるありかた」であり、「ノエマ的」は「意識化され対象化された……［何かの］ありかた」である（木村 著作集一 自覚：一〇八、一三九）。付言するなら、このノエシス的な事実は、「立現れる」のだから、立ち去るだろう。

そして、「世界がある」という「こと」と「私がいる」という「こと」は、同時に生起する、といえるだろう。ついつい、「世界がある」から、「私がいる」と考えたくなるが、これは、実在論的な考え方であり、それぞれは「こと」の同心円的な二つのくくりとして、同時に生起する。「私」が生き生きしているという「こと」は、「私」が「自己」を超えて、すなわち私が他者、生きもの、自然と地続きであるという「こと」のなかにある。「私」という「こと」の実感は、達成感や安堵感に隠されがちであるが、実際には「世界」という「こと」の実感とともに、先行している。

おそらく、このような「世界がある」なかで「私がいる」は、木村のいう「あいだ（間）を生きる」ことと重なるだろう。この「あいだ」は、むろん二項関係、すなわち二つの実体の関係ではなく、自・他の心情的通底性である。それは、日本語で「情」と呼ばれる営み、たとえば「情にもろい」「情に絆《ほだ》される」「情けが深い」といわれるときの「情」が示すそれである。木村は「……『情』は、西洋の心理学が扱っている個人的な『感情』とは全く別のもので、「自己の心情の動きでありながら自己自身の支配を離れて相手本意の動きを示すという特徴を有している」と述べている（木村 著作集一 自覚：一〇八、二一六［「あいだ」のより詳細な議論は、木村 一九八八 参照］）。この「情」は、「あいだ」を生きることを可能にするもの、つまり個人の「心の中」を超える感受性の広がりであろう。

さて、この「あいだ」の生、すなわち「世界がある」なかで「私がいる」は、ハイデガーのいう「現存在」（Da-sein）すなわち「世界内存在」（In-der-Welt-sein）を日本語的に表現したもの、といえるだろう。ちなみに、ハイデガーのこの表現は、今道友信によって道教とのつながりが指摘されているが、私はむしろ interest の語源である interesse のいいかえではないか、と思う。もしそうであるなら、水と油くらいに違いが強調される、存在論のハイデガーと経験論のデューイは、じつは通底している、ということになる。デューイは、『デモクラシーと教育』のなかで、次のように述べている。「interest や concern が意味しているのは、自己と世界が結びついていることであり、それぞれがたえず展開し続けている情況のなかにあるということである」。すなわち、interest は「たんにある事物がある人の利益／損害、成功／失敗に影響する」ということを意味しているのではなく、「その語源［inter-esse］が示しているように、あいだにあること、もともと隔てられている二つのものを結びつけることを意味している」と（Dewey, CW, mw. 9, DE：132-4 強調は引用者）。

§ 忘れられがちなもの

ここまで私たちが確認してきたことは、集合の要素としての「もの」から区別される、集合全体としての「こと」であり、また事物・個人の認識としての「である」ことから区別され、生き生きと生きているという（したがっていずれ死に去るだろうという）感覚と一体の、「世界がある」なかで「私がいる」である。それは、自・他の心情的通底性、感受性の広がりのなかで、限りある人が生きること、人が有限な世界内存在であることである。こうした意味での「世界がある」なかで「私がいる」を、存在論的な「存在」の日本語的表現としておこう。

人の存在論的な「存在」（＝感受性の広がりを享受し生きていること）は、私たちがふつうに生活するうえで、もっとも基底的な条件である、といえるだろう。これが、種々の感情、知覚内容、意味・価値、したがって発話・叙述の大前提であると考えられるからである。しかし、この感受性の広がりは、眼に見えるものではないし、これこれであると明言できるものでもないから、もっとも忘却されやすいことといえるだろう。現代日本の教育において、この忘却を加速するものが、いわゆる「能力（学力）」、「競争」、「道徳」であろう。問題を迅速・精確に解く「能力」、他者から抜きんでるための「競争」、そしてなすべきことを規範として説く「道徳」は、どれも私たちを引きつけ、駆りたて、私たちになじんでいるが、どれも、「個人」の「自己」を前提にしているからである。

教科としての「道徳」についていえば、それは、存在論的な「存在」、感受性の広がりを伝えうるだろうか。文部科学省は、「いじめ問題」への対処策として、小学校では二〇一八（平成三〇）年度から、中学校では二〇一九（平成三一）年度から、これまでの「道徳の時間」を「特別の教科　道徳」に変更し、より重視していく、という（授業時間数は、小学一年生は年三四時間、小学二年生～中学三年生は年三五時間で、現状と同じ）。しかし、そこで、存在論的な「存在」が語られる可能性は少なそうである。「問題解決」や「体験学習」などが取り入れられ、みずから「考え、議論する」道徳教育をめざされても、その目的は「社会秩序の維持」にとどまるように見えるからである。道徳教育で問われるべきことは、「教科化」の是非ではなく、伝える内容である。すなわち、児童生徒が何を問い考えるべきか、である。私は、「自己」を超えて他者を感受することを伝えるべきだ、と思う。

§ 想像力を喚起し、活動へと駆りたてる

すこし具体的に考えてみよう。たとえば、以前、話題になった『子どもの目に映った戦争――第二次世界大戦ポーランド』（Iwanicka / Marek 1983［イヴァニツカ／ドバス編 一九八五］）という画集がある。その画集は、小学生の描いたクレヨン画からできている。その絵は、戦時下と戦後翌年に、ポーランド教育省の呼びかけに応え、全国の小学生から寄せられた絵である。最初の絵は「わたしのお父さんが

戦争に行く」で、最後の絵は「国へ帰ろう」である。ドイツ軍の空爆、たとえば、疎開中のポーランド人をのせた列車への空爆、強制連行、肉親の銃殺・絞首刑などが描かれている。これらの絵は、つたないながら、私たちの心をゆさぶり、戦争の正当性への疑い・問いを掻き立てる。

しかし、「自己」を超えて他者を感受するという観点からみて重要なことは、私たちがこの絵を見るとき、ただちに「この子は、いったいどんな想いでその絵を描いたのか」と思うことである。むろん、この問いは、端的な答えをもたない。子どもたちが描いた忘れたくても忘れられない「残酷な現実」は、私たちから、もっともらしい言葉を奪う。「つらい」「悲しい」と形容してみたところで、そうした言葉は、彼（女）らの想いにまったく届かないだろう、と直観する。しかし同時に、私たちは、そうであっても、ここにある絵を媒介として、ここにいない子どもたちの想いを想像しようとするだろう。子どもたちの想いという近づきえないことに近づこうとして、あれこれ考えるだろう。この想像は、自分を「自己」の外に連れだし、不在の他者を感受する契機となるはずである。

付言すれば、この画集の絵は、潤沢な資金・資材・知見をもとに作られた、構成・演出・素材のすべてにおいて優れたドキュメンタリーにおとらず、人の想像力を強く喚起するだろう。制作者の意図が入念に背景化され、中立性を装う作品は、見る側を受け身にさせる。作り込まれるほどに、そうなる。しかし、この画集の絵は、見る側を活動へ駆りたてる。おそらく、つたない言葉であっても、そのわずかなキャプション（「ドイツ兵がぼくの母さんを殺した。ぼくの母さん」「バターをもったおばさんが逃げる」）は、私たちに向けられた「声」、それも「叫び声」だからである。それは、「いる」人が「いなくなる」というはかない事実を人為的に作りだすという凶悪への、告発の声である。

§「文化批判」が時代遅れになる現代に

さて、おそらく「文化」(culture)といわれてきた営み(その産物)は、長くこの感受性の広がりを大切にしてきたのではないだろうか。なるほど、バウマンが二〇〇五年の『リキッド・ライフ』で指摘するように、「文化」という言葉は、もともと「人間を形成する」という意味で、一八世紀に使われ始めた。しかし、一九世紀以降、価値ある作品を創出する営み(その成果)となり、時間を超えて維持される「持続性」、すなわち「一過性」(topicality)ではないものとなった(Bauman 2005：53, 56［バウマン二〇〇八：九六、一〇二］)。そうした「文化」は、伝統や顕彰と密接に結びついている。しかし、そうした文化のなかには、伝統や顕彰の有無にかかわらず、人が心を動かし、何らかの生き生きとした活動へと駆りたてられる活動がふくまれていた。音楽であれ、文学であれ、絵画であれ。

しかし、時代は大きく変わっている。すくなくとも一九八〇年代までの、アメリカ、ヨーロッパ、そして日本には、「文化的エリート」と呼ばれる人びとがいた。たとえば、フランス社会学者ブルデュー(Bourdieu, Pierre 1930-2002)、アメリカの教育学者アップル(Apple, Michael)は、そうした「文化的エリート」の「文化」(hight-culture)を批判していた。それは、哲学思想・芸術文学の知見に裏打ちされた「教養」(翻訳困難な日本語)である。家庭環境によっておもに培われるそれは、学校の成績に反映され、学力学歴の格差を生みだし、階級を再生産する、と批判された。しかし、バウマンが述べているように、今やそうした「文化」は、薄れつつある。「現代の文化は、ますます『消費主義症候群』に征服されつつある。それが消し去るのは……『生産主義的社会』の根本原理、じっくり取り組む(procrastination)という美徳である」と。すなわち、現代社会のリキッド・モダニティは、文化の「持続性」を退け、それを「一過性」の価値に還元しつつある、という(Bauman 2005：62［バウマン二〇〇八：

九六、一一八］）。「リキッド・モダニティの文化には、文化化されるべき人はいない。いるのは、勧誘されるべき客だけである」（Bauman 2010：§18［バウマン二〇一三：第一八］）。

こうした事態は、商品としての文化に限ったことではない。それは、日本の学校知にも、いくらかあてはまる。たとえば、受験勉強で求められているのは、もはや「教養」としての「文化」ではない。問題を迅速精確に解く能力、つまり「学力」である。これは、「文化」を支えてきた感受性の広がりが、教育によって「文化」とともにまるごと忘れ去られることに見えるかも知れない。

第六章 空想と想像の違い

Chapter 6 : Difference between Fantasy and Imagination

§ ふりかえって

前章で、「もの」と「こと」の区別を踏まえつつ、「世界がある」なかで「私がいる」を、感受性の広がりを示す日本語的表現である、と考えてみた。この感受性の広がりは、日本の古典のなかにも見いだされる。たとえば、相良亨は、『こころ』という本のなかで、『古今和歌集』においては、心は、他の人の心のみならず、「景物と交感交流する柔軟な主体としてまずあったように思われる」と述べている。また『徒然草』には、「人は天地の霊なり、天地は限る所なし。人の性、何ぞ異ならん」と記されている、と述べている（相良 一九九五：二四、八二）。

前章の最後で、このような感受性の広がりは、近年の社会情勢、すなわち実証性や有用性が強調されるなかで、看過されてしまうのか、という懸念も示したが、おそらくそれは、杞憂にすぎないだろう。私たちが、ごくふつうに、「文化」と呼ばれるもの、たとえば、音楽・映画・小説・アニメなどを愉しめるかぎり、感受性の広がりはそこにありつづけている、といえるからである。むろん、この感受性の広がりは、しばしば、それを前提とする意味・価値、感情・情動によって覆い隠されてしまう。そうした事例は、「常識では考えられない」と思うような凶悪な犯罪を行った加害者の心理に、しばしば見いだされる。激しい憎悪、邪な愉悦は、感受性のつながりを凌駕してしまう。

ともあれ、この感受性の広がりのもっとも重要なはたらきが、「私がいる」という実感を生みだすことであった。すなわち、「世界」という感受性の広がりがあるからこそ、人は「私がいる」と生き生きと感じられる、ということであった。確認しておくなら、この「私」において存立可能になるものが、たとえば「自己主張」「自己実現」「自己表現」といわれるときの、あの「自己」である。

「自己」(ipsum/self/Selbst/soi)について、さしあたり次のように考えておこう。たとえば、幼い子を、その子の名前で呼び、その子がふりかえるとき、その子には「自分」(ego/I/Ich/moi)がある、と考えられる。しかし、その子は、「自分」がどんな顔をしているのか、どんな性格の人間なのか、まだ明確に(まったく?)象っていない。つまり「自分」を対象としてよく把握していない。よく「鏡で自分を見て、自分を知る」といわれるが、鏡に映った「自分」を見るように、「自分」の言動を繰りかえしふりかえることで「自己」が象られる。そして、この「自己」が、自分・他者の言葉、つまり意味・価値——「出身地」「出身校」のような帰属性、「成績」「学歴」のような業績など——によって形容され、意味づけられる(自分/自己論としては、鷲田 一九九六、木村 一九八三がある)。

さて、本章では、このように形成される「自己」において、それを超越する営みが生じる、ということを確認したい。それは、新たな「理念」が「想像される」ことである。まずは、「空想」「妄想」と一緒にされている「想像」を、その原義にさかのぼって分けてみよう。

§想像は最低の認識？

「想像」という言葉は、あまり評判がよくない。たとえば、「想像の産物」といえば、「空想の産物」にひとしい。つまり、フィクションに。また、「想像力が豊かですね」という言葉は、ときに（しばしば？）「妄想癖がありますね」の婉曲な表現である。「AとはBである」という明確で有効な定義言明（「表象」）が好まれるところ、つまり実証性・確実性が求められるところでは、「想像」は、推量・連想されただけのものとして、軽侮ないし敬遠される傾向にある。たとえば、郷土愛や異性愛などを「共同幻想」と表現し唾棄することも、こうした「表象主義」の告白にひとしい。

ふりかえれば、「想像」を否定的に価値づける考え方は、古くからある。その淵源は、「洞窟の比喩」を語ったプラトンに見いだせるだろう（『国家』第七巻）。そこでプラトンは、大きな洞窟のなかで、背後の灯りによって壁に映される自分たちの影だけを見て、また他人の声の反響だけを聞いて生きている人は、その影や反響を「実体」と見なしてしまうが、それらは、たんなる「想像」（eikasia）（の産物）にすぎない、という。つまり、ふだん私たちが「想像」するものは、そのような影や反響にすぎない、と。プラトンは、人の「想像」を「もっとも低レベルの認識」と位置づける。

ところが、ヨーロッパ中世の哲学思想をふりかえるなら、「想像」が重要な認識方法だったことがわかる。たとえば、「イマーゴ・デイ」（imago Dei）という言葉がある。この言葉は、中世ヨーロッパの哲学思想においてよく使われた言葉で、「神のかたち（像）」を意味する。しばしば「隠れたる神」(Deus absconditus)といわれているように、人は、けっして神を「見る」ことができないが、なんとか「象る」(imaginare 想像する)ことはできる、と考えられて、こう表現された。つまり、もっとも崇高なものは、見られるものではなく、「想像されるべきもの」である、と考えられていた。中世の神学が唱えた「アナロギア」(analogia)は、この想像する知性を意味していた（松村 一九七五 参照）。

こうした「想像」についての考え方は、大正期の日本の哲学思想にも見いだされる。たとえば、三木清が「構想（力）」と呼んだものは、カントが『純粋理性批判』でいう「構想力」(Einbildungskraft)——これは、経験したものごとを「こういうものだ」とまとめる力であり、「感性」(Sinnlichkeit)のはたらきでもあれば、「知性」(Verstand)のはたらきでもある (Kant, W 3/4, KrV : B151-2, B164) [カント二〇一四：上二〇二、二一二]——を踏まえつつも、そのようなカントの「構想力」を超えて、この「想像されるべきもの」に向かう力である（三木 著作集八 構想力）。こうした「想像されるべきもの」についての議論が暗示するのは、「想像力を育てる」ための教育方法を考案するよりも先に、「想像されるべきもの」に向かう力が喚起される、ということである。

§ 想像されるべきもの

何が「想像されるべきもの」なのか。ここでは、三木が入念に論じるところを脇に置いて、ふつうに考えてみよう。人は、それぞれ色々な考え、趣味趣向をもっているが、たとえば「美しい景色を見たい」と思うだろうし、「よりよく生きたい」とも思うだろう。その「美しい景色」も、「よりよい生の様態」も、人それぞれといえばそうもいえるが、そうであるとしても、そうした多様な思いに通底する動態性（いわば、ベクトルとしての通底性）があるのではないか。

キリスト教思想が「アガペー」「ロゴス」「完全性」（teleios / Perfectio）と呼んだのは、そうした動態性の向かうところだろう。どれも同じような営み、すなわち「無条件の愛」を指している。無条件の愛は、「……だから」という理由・原因をともなわずに「愛する」（アガパオー）ことである。ヨハネやパウロがいう「隣人への愛」も「神への愛」も、この無条件の愛である。それが、人がめざすべきところという意味で、「テロス（目的）」と呼ばれ、「神は愛である」といわれるように、神の本態であるという意味で、「完全性（充全性、欠けるところがないこと）」と呼ばれた。しかし、およそ一八世紀あたりから、この「完全性」は人間的なものに変容していった。たとえば、カントやルソーに見られるように「完全性」は、神の本態から、人の「道徳性」にずらされ、教育によって「人格」として実現されるべきものと見なされるようになった（ちなみに、教育基本法の第一条で「教育の目的」は「人格の完成」と記されているが、この「完成」は、この「道徳的完全性」の実現を意味する）。

「想像」を否定的に位置づけるプラトンは同意しないだろうが、彼がいう「イデア」（idea 原義は「「魂によって」見られるもの」）も、「想像されるべきもの」と見なすことができる。たとえば、プラトンが、「パイデイア」（しいていえば「教育」）によって人が認識できるようになるべきである「善のイデア」（プラトン『国家』第七巻）も、私たちには見えないものであり、想像するしかないものだから。アリストテレスのいう「エッセ」も、同じように考えられるだろう。ちなみに、プラトンの「善のイデア」、そして「真のイデア」「美のイデア」が、いわゆる「真・善・美」の原型であり、これらは――およそ大正期以降だろう――カントを経由しつつ、日本の教育学において、もっとも重要な「教育的価値」として掲げられてきた。

そして、ハイデガーにとっての「想像されるべきもの」は、彼が一九五四年の『何が思考と呼ばれるのか』において「もっとも思考されるべきこと」(Bedenklichste) と形容するものだろう (Heidegger, GA 8, WhD)。ハイデガーはそこで、およそ次のように述べている。この「もっとも思考されるべきこと」は、現代社会において、人がほとんど思考していないことである。しかし、それは「決して本来的に人が充分にそこに向かうようにできていないからではなく」、人が「それから隔てられているからである。それもはるか昔から隔てられているから」である。しかしそれでも、人は、この「もっとも思考されるべきこと」に向かう途上にいる。「私たちは、その欠如したものに向かう途上にあり、その一つの兆し (Zeichen) である」(Heidegger, GA 8, WhD：19, 20)。

§「想像力」が創出する「理念 (可能性)」

こうした「想像されるべきもの」は、デューイの思想のなかにも見いだされる。デューイは、一九三四年の『共有される信』(*Common Faith*) において、「神」という言葉は、「理念としての諸価値、すなわち本来的に想像的である諸価値が一体化されたものを、表している」と述べる。ようするに、「神」は、なんらかの超自然的実体ではなく、大切な理念、「想像されるべきもの」である、と。そしてデューイは、こうした「理念は [想像的なものであるが] 幻想ではない」という。「なぜなら、想像力は、オルガン [人に所与の装置] であり、このオルガンをつうじて、理念が把握されるからである」。「すべての可能性が私たちに到来するのは、想像力をつうじてだからである」。「『想像する』とは、現実に存在していない事物が私たちのもとに到来することであり、そうした営みは、私たちを鼓舞する力である」(Dewey CW, lw. 9, CF：29-30)。「慰撫する力」などではなく。

ここで、デューイは二つのことを述べている。一つは、理念の源泉としての想像力である。つまり、理念が想像力によって生みだされるということ。これは、プラトンが認めない考え方である。もう一つは、想像力の超越性である。すなわち、想像力は、たしかに人に内在する「オルガン」であるが、そのオルガンのはたらき（「想像する」）は、現実性を超越しているということ。これは、デューイの考え方が、ギリシア・ローマ的ではなく、キリスト教思想的であることを暗示するだろう。

デューイにとって、もっとも重要な理念は――あらためて第九章で述べるが――「一体性」（unity）――いいかえれば「全体性」（Wholeness）――である。それは、すべてが「相関活動（相互浸透）」（transaction）している状態である。つまり、デューイにとっては、すべてをつなぐ「一体性」こそが「想像されるべきもの」である。『経験としての芸術』で、デューイは、「想像力」について、「それは、一体的全体性（integral Whole）を構成することがらを見抜いたり感受したりするその仕方である」と述べている（Dewey, CW, lw 10, AE: 271）。この「一体性」は、何らかの政治的努力によって構成される社会状態ではなく、私たちがすでに生きている根底的様態である。つまり、すでに存在している「こと」である。私たちはただ、この根底的様態の生を忘れているだけである。

それにしても、一体、何のために、人は「一体性」という理念を想像しなければならないのだろうか。デューイについて考えるべきことは、この理念の存在理由（存立を可能にしている根本原因）であるが、機会をあらためよう。ここでは、次のように述べるにとどめたい。すなわち、デューイは、理念の想像によって、人は、実存の可能性を感じ、さらにそうした可能性を人に贈っただれかを信じうる、と考えていた、と。デューイは、たとえば、一九二九年の『確実性の探求』において「宗教的な姿勢とは、実存の諸可能性を感じること（sense of the possibilities of existence）であり、そうした諸可能性を存立可能にする根本原因（cause）に真摯に向かうことである」と述べている（Dewey CW, lw. 4, QC : 242）。キリスト教に傾けて読めば、この「根本原因」は「キリスト」と解されるだろう。

さて、ここでは、優れた「想像の産物」を作りだしてきた映像作家、宮崎駿の言葉を引きながら、比較的なじみのある彼の作品を思い浮かべつつ、もう一つの「想像されるべきもの」を例示しよう。

§ 空想と想像を分けるもの――「想像されるべきもの」

デューイのいう「理念」が、「想像されるべきもの」を宿しているように、「映画」もまた、かならずというわけではないが、「想像されるべきもの」を宿している。たとえば、有名な「ジブリ」（宮崎駿・高畑勲主宰のアニメーション制作スタジオ）が制作したアニメは、バウマンのいうような「文化」（ハイカルチャー）ではないが、まさに「想像されるべきもの」を宿している「空想」である。

宮崎のアニメ映画は、いうまでもなくすべて「想像の産物」であるが、たとえば、最初の作品『風の谷のナウシカ』（一九八四）も、有名な『千と千尋の神隠し』（二〇〇一）も、そして近年の『風立ちぬ』（二〇一三）も、私たちに――宮崎駿の言葉を引けば――「根底にあるもの」「強靭なもの」を突きつけてくる（宮崎 二〇〇二）。それは、宮崎自身が「センチメンタリズム」とも形容する、「安っぽくてもひたむきで純粋な世界」である（宮崎 二〇〇二、宮崎 一九九六）。その「純粋な世界」は、戦中戦後の日本の経済政策、社会現実への嫌悪感が高じて、日本社会が大嫌いになり、そこに生きる自分までも嫌いになったという宮崎が、心ひそかに「憧れている世界」である。それは、端的にいえば、子どもがただ生まれて生きているだけで無条件に肯定される「世界」である。

このような一命の無条件肯定、すなわち宮崎にとっての「想像されるべきもの」は、現実の世界がどんなに危険に満ちていても、たとえば、人びとが大量生産・大量消費によって自然環境を破壊しつづけ、また民族・国家レベルでもエゴイズムをぶつけあい、テロ行為を誘発していても、理屈抜きでただ堅持されるべき生き方（人生の軸）である。宮崎は、二〇〇二年の「風の谷から油屋まで」と題されたインタヴューで、この世界がどんな世界であろうとも、眼の前に幼い子どもがいるなら、その「子が生まれてきたことを肯定せざるをえない」と述べている。なるほど、世界が危険に満ちていれば、その子が、この危険な世界を「超えていけるのか」、それともそれに「踏みつぶされてしまうのか」と不安に苛まれるが、そのような不安があっても、その子が生まれたきたという事実に対し、「生まれてきてくれてよかったんだ」と言えることが大事である、と（宮崎 二〇〇二：三四三）。

この一命の無条件肯定を思わせる場面は、宮崎の作品に繰りかえし登場している。たとえば、王蟲《オーム》がナウシカを助けること、腐海が空気を浄化すること（『風の谷のナウシカ』）、シシ神が死んだ森を蘇らせたこと（『もののけ姫』）、ハクが千尋を助けること（『千と千尋の神隠し』）などなど。

ちなみに、この無条件肯定は、いわゆる「ヒューマニズム」とは無縁である。宮崎は「僕の映画がやっぱりヒューマニズムだと思っている人がいるんですけどね（笑）、それは勝手にしろと思うしかない。僕自身はヒューマニズムで［作品を］作った記憶がない」と述べている（宮崎 二〇〇二：七六）。ヒューマニズムは主義（道徳規範）であり、一命の無条件肯定は「良心の呼び声」である。それは、あらためてふれるが、デューイのいう「弱さの力」を可能にする声である。

§「想像されるべきもの」を想像するためには……

ようするに、たんなる空想や妄想から区別される「想像されるべきもの」は、人が人として生きるために大切なものであるにもかかわらず、想像されるしかないものである。それを、キリスト教思想は、「アガペー」「ロゴス」と形容した。それらは無条件の愛を意味していた。ギリシア哲学は、それを「イデア」「エッセ」と形容した。それらは根本存在を意味していた。教育思想に立ち返っていえば、それは、デューイのいう「理念」に見いだせるものであり、その内実は、人と人・生きもの・自然との「一体性」を生みだす、それらとの「相互活動」（interaction）、「相関活動」（transaction）であった。これは、私たちが考えてきた感受性の広がりと大きく重なるものだろう。

最後に、宮崎駿のアニメ作品を取りあげ、そのなかに「想像されるべきもの」を見いだした。それは、一命の無条件肯定であり、感受性の広がりという私の主題とはずれるが、キリスト教思想のいう、無条件の愛とはいくらか重なるだろう。むろん、両者には、決定的な違いがある。それは、宮崎の一命の無条件肯定は、いわゆる「信仰」、絶対的な超越者ないし人為的な教義（dogma）への帰依を前提にしていないことである（ここでいう「教義」は、たとえば、四五一年に定められた「カルケドン信条」で定められた、〈イエス・キリストは、完全な神性であり、完全な人間性であり、真実の神（verus Deus）であり、真実の人（verus homo）である〉という規定である）。この「信仰」の有無という違いは、重要である。「信仰」は、人を、それをもつ者とそれをもたない者に分断し、決定的に隔てるからである。

ここで、私たちは、一つの大きな問いに逢着する。すなわち、「想像されるべきもの」を想像するために、人は何らかの超越者を必要とするのか、である。キリスト教思想に傾く人なら、必要とする、と答えるだろう。いかなる「信仰」とも無縁に生きる人なら、必要としない、と答えるだろう。そもそも、「想像されるべきもの」など想像する必要などない、というかもしれない。ともあれ、この問いをそのまま考えてもあまり実りはないだろう。むしろ、この問いは、「良心の呼び声」をどう象るか、という問いとして、立て直してはどうだろうか。それは、自分に内在する超越者が発する声なのか、それともたんなる学習の成果なのか。それとも、もっと別のことなのか、と。

第七章 何が「主体化」と呼ばれるのか

Chapter 7 : What Called Subjectification ?

§ ふりかえって

前章で、たんなる空想や妄想から区別される「想像されるべきもの」について述べた。それは、人がよりよく生きようとするときに不可欠なものであるにもかかわらず、想像されるしかないものである。それを、キリスト教思想は、たとえば「アガペー」「ロゴス」と形容し、哲学思想は「イデア」「エッセ」と形容してきた。教育思想に立ち返っていえば、それは、デューイのいう「理念」であり、その内実は、自分と他者・自然との「一体性」を生みだす「相互浸透」と形容できるだろう。

ここで思い出されることは、他者の立場に立つカントを描き、「ふれあう」感覚を説いたことで知られる坂部恵（1936-2009）の「相互浸透」論である。坂部は、人と人が「相互的に生きようとする」こと、自・他の「相互浸透」をもっとも重視する（それが彼にとっての「想像されるべきもの」だろう）。それは、自己中心的な生き方を隠そうともしない生き方の対極にある生き方である。坂部は次のように述べている。「真に相互的世界をかたちづくることのない、〈まなざし〉というようなどぎついことばが、わがもの顔に世の中を横行し、〈おもざし〉ということばが、もうほとんど古語の仲間入りをしたような、そのような時代のあり方を、わたしはにくむ」と（坂部 集三 おもて：一二二）。

ここで坂部が「まなざし」から区別する「おもざし」は、「顔のようす」であり、以前にふれたレヴィナスのいう「顔」（応答可能性を喚起するもの）にほかならないだろう。この「顔」は、対面する人の心情であり、さらに、その人を超える「大いなる他者」からの呼び声でもある。もっとも身体に寄せて、それを、鷲田清一が『「ぐずぐず」の理由』でいう「面立ち（おもだち）」と重ねることもできる。すなわち、「ひとがかもす気配」である、と（鷲田 二〇一一：一六三）。坂部にもどっていえば、「おもざす」は、自・他が「ふれあう」状態である。「ふれる」という動詞は、「さわる」と違い、対象を示す助詞「を」をとらない。「見る」「聞く」「味わう」「嗅ぐ」は、「を」をとる。これらの知覚動詞は、相手を自分から切り放し「実体」（モノ・客体）として位置づける。これに対し、「ふれる」は、相手を自分と結びつけ、主体／客体の関係を超える・支える、根底的な「関係」のなかに位置づける。この「関係」が「相互浸透（相互嵌入）」である（坂部 一九八三：二二 - 三四）。

主体／客体の区別は、近現代において自明とされる区別であるが、坂部にしたがえば、「ふれる」は、この区別を超える「感覚」（sense / sens）――知覚（perception）というよりも――である。この感覚は、宇野邦一が一九九九年に「夏、感じること」で、「感じているとき、私は何一つ分割せずに感じているのだ」というときの、「感じている」である。たぶん「ああ、夏だ」というように。「確かに感覚とは、すべて身体の感覚であ」る。しかし、宇野は、いわゆる「知覚心理学」の細密な議論に向かわず、「しかし私には身体が何かわからない」というにとどめる（宇野 二〇〇四：五二）。

さて、この章からは、これまでの六つの章の下準備を踏まえて、「主体化」を中心とした教育を構成するために必要な基礎概念を取りあげ、一つひとつ、その存在論的位相を示していこう。それは、これまで「感受性の広がり」と呼んできたことである。ただちに明らかになるように、この「主体化」は、字面は同じだが、「主体／客体の区別」というときの「主体」になることではない。

§ ビースタの主体化

まず、ビースタのいう「主体化」について、ふりかえっておこう。以前に、ビースタが、『測定の時代におけるよい教育』で、教育を、「有能化」、「社会化」、「主体化」の三つの機能（働き）に分け、そのうちの「主体化」をもっとも重視している、と述べた。ビースタは、「私は、教育と呼ばれる営みは主体化を本質的な構成要素とする営みである、という立場を採る」と述べている（Biesta 2010：75［ビースタ 二〇一六：一一二］）。この「主体化」とは何か。ハイデガーの「何が『思考』と呼ばれるのか」をまねて、もうすこしていねいに問えば、「何が『主体化』と呼ばれるのか」。

端的にいえば、ビースタにとって、主体化とは、人が人間的に自由になることである。ビースタは、「教育は、つねに人間的な自由（human freedom）に関心をもつべきである」と述べている（Biesta 2010：75［ビースタ 二〇一六：一一二］）。この人間的な自由は、自律であると同時に解放である。何から解放されることによって、人間として自律するのか。これまた端的にいえば、この社会の現実性から、である。すなわち、応答可能性よりも責任を重視するという社会的趨勢からであり、いいかえれば、一人ひとりの固有性（かけがえのなさ）よりも個人の有能性を重視するという風潮からである。したがって、「主体化」は、「個人化」（individualization）ではない。通常、「個人化」は、本来のそれと違い、有能化によって自分の他者からの違い（能力の大小、業績の多寡）を確立することを意味するからである（「個人化」は、本来、キリスト教思想の概念である。そこで語られる「個人化」すなわち individuatio は、稲垣（二〇一三：一一七・八）が教えるところによれば、トマス・アクィナスが『在るものと本質』で論じていること（Thomas, TA, EE：3. 4［トマス 二〇一二：四一］）、すなわち、「存在」に由来する「霊魂」という形相が、「身体」というただ一つの質料に住まい、ただ一つに具現化・受肉化されることである）。

以下に確認するように、ビースタの主体化論は、カント、アーレント、リンギスの思想との対話のなかで形づくられている。そして最終的に、「中断／出来の教育学」にいたりつく。

§ 原点としてのカントの啓蒙／教育

ビースタが言及しているように、「主体化」という概念の思想史的原点は、カントの「啓蒙」（Aufklärung）である。カントは、一七八四年の『啓蒙とは何か』という著作で、「みずから招いた未成年状態からの」自分の解放を、「啓蒙」と呼んだ。それは、いいかえれば、「他人からの指導がなくても、自分の知性［Verstand＝悟性］を敢えて働かせる決意と勇気をもつ」ことである。この啓蒙の存立条件が「自由」、それも「自分の理性（Vernunft）の公共的使用（öffentlichen Gebrauch）の自由」である。つまり、啓蒙の基礎能力は「理性」である（Kant, W 11, WA：53, 55［カント 全集一四：二五、二七］）。

カントは、『啓蒙とは何か』で、人が理性の「公共的使用」を実現するための働きかけを「教育」

とは呼んでいないが、『教育学について』では、「公共的教育」が語られ、「教育のもっとも重要な課題の一つは、法的強制に従うことと、能力、自分の自由を使用するためのそれを、統合することである」と述べている（Kant, W 12, UP：709, 711［カント 全集一七：二三五、二三七 - 八］）。つまり、カントのいう「啓蒙」ないし「教育」は、自分の「理性」を活性化する自己教育によって自分の「知性」を働かせることである。このような教育は、いわゆる「教育者」による教育（教える／学ぶという行為連関）ではなく、他律としての従属から脱し、自律としての自由に向かうという、自己運動そのものである。

おそらく、ただちに浮かぶ疑問は、「知性」とは何か、「理性」とは何か、であろう。「知性」はラテン語の intellectus に由来する言葉で、ふつうに「わかる力」である。英語の intelligence と、それほど大きく違わない。これに対し、「理性」は、ラテン語の ratio 、ギリシア語の logos に由来する言葉で、人為を超えた「アプリオリな理念」に導かれ、世界の根本原理を「認識する力」である。ようするに、キリスト教の神が人に贈り、人に内在するとされた「神性」（Göttlichkeit）である。したがって、カントの理性は、日本語の世俗化された「理性」とは根本的に異なる概念である。

ビースタは、カントの啓蒙／教育の考え方は、ある「閉鎖性」をともなっている、と批判する。それは、カントの人間の定義がもつ閉鎖性である。すなわち、「人間的」であることが「理性的」である、ということである。この定義に従えば、それから排除される人びと、たとえば「非合理的、前合理的な人びと（子どものような）は、排除に対する抵抗の声を奪われてしまう」と（Biesta 2010：77-8［ビースタ 二〇一六：一一五］）。しかし、このような批判は、カント自身の「理性的」に対する批判になりえない。カント自身の「理性」は、人の本来性であり、いまだ「理性的」でないこと（非合理的、前合理的であること）が、「理性」への教育の理由になるからである。

§ 独自性と特異性

ともあれ、ビースタは、カントの啓蒙／教育概念から、「自由」という目的だけを受け継ぎ、それをアーレント（Arendt, Hanna）のいう「始める」（begining）という概念を援用し、大きく読みかえる。アーレントは、人は、何かをあらたに「始める」ことで、「独自性」（uniqueness）をおのずから体現する、という。あらたな研究、あらたな事業、あらたな作品作り、などなど。この「始める」は、彼女の師であるハイデガーのいう「実存」（Existenz）の、彼女なりの翻案である。ビースタは、人があらたに「始める」ことを、その人の「自由」と見なす（Biesta 2010：82 - 3［ビースタ 二〇一六：一二一 - 二］）。

この「自由」は、他者からの「承認」を必要とする。他者がこの「自由」を価値あるものと承認してはじめて、「始めた」人は、その「能力」を認められる。たとえば、どんなに本人が「すごい論文だ」と思っても、他の人がそう認めてくれなければ、その論文は、少なくともその人の「能力」を証すものにならない。いいかえれば、人の「自由」は、他者からの承認を得たり失ったりするリスクをともなう。このリスクを恐れるかぎり、人に「自由」は生じないし、独自性も生じない。

しかし、他者をたんに自分の能力を確認する手段にとどめるという考え方は、魅力的とはいえない。ビースタは、アーレントに加えて、レヴィナスにも言及しつつ、他者は、自分の「特異性」（singularity 代替不可能性《かけがえのなさ》）を実感する契機でもある、と論じる。ビースタは、アーレントの独自性とレヴィナスの特異性を結びつけつつも、区別している。アーレントのように「何が私たち一人ひとりを独自的にするのか……と問うかわりに、レヴィナスは、どんなときに私は独自的であるのか、かけがえのないものであるのか、と問う」と（Biesta 2010：86［ビースタ 二〇一六：一二七］）。いいかえれば、アーレントの独自性は、他者による承認という、社会的行為を十分条件として必要とするが、レヴィナスのいう特異性は、はじめから自・他の関係性という、感受的事態と一体である。

ある人の何らかの能力は、なるほど、その人の独自性を他の人に示すが、その人の代替不可能性をその人自身に示すとはかぎらない。「能力はいずれなくなる暫定的なもの」、「能力によりも大事なことがある」と気づけば、能力による独自性の表示（誇示）など、さほど重要ではなくなる。むしろ、自・他の関係性が、自分の代替不可能性を可能にしている、と感じるようになる。ビースタは、このような考え方を、あのレヴィナスの「顔」の議論から摂取している。つまり、ビースタにとっては、レヴィナスのいう特異性＝代替不可能性が、「自由」のより重要なエレメントである。

§ 異他の共同性

ビースタによれば、人の特異性を成り立たせているのは、リンギス（Lingis, Alfonso）が、一九九四年の『何も共有していない人たちの共同体』（Lingis 1994［リンギス 二〇〇六］）で述べた、「異他の共同性」（other community）でもある、という。それは、通常の「共同体」とは異なり他なる「共同性」である。たとえば、人が死に逝く友と、何を話せばよいのかと惑いながら、ともにいること、幼い子どもが母親と、言葉にならない想いをいだきながら、ともにいようとすることである（Biesta 2010 : 87-8［ビースタ 二〇一六 : 一二九］）。「私」も、友も、子も、母親も、代替不可能である。

このような「異他の共同性」は、また「共通性」をもたない。通常の「共同体」は、「共通性」をもつ。企業の構成員は、共通の利益という追求すべき共通性をもつ。スポーツのチームの構成員は、勝利という追求すべき共通性をもつ。リンギスが「合理的な共同体」（rational community）と呼ぶ、通常の共同体は、いいかえれば、機能的な組織である。それは、現在の社会諸システム、すなわち、政治、経済、教育、医療といった社会システムの基本的な単位である。これらに対し、「異他の共同性」は、「私たち自身の声によって話す機会」に生じる。「独自で特異である声」(unique, singular voice)によって。それは、「応答するという様態」、すなわち「私たちがいる情況によって『求められる』応答可能性をになうという様態」である(Biesta 2010 : 88-9［ビースタ 二〇一六：一三〇-一］)。

「異他の共同性」は、したがってまた客体=実体ではなく、現れである。人為的に構成される特殊なコミュニティではなく、いかなる意味でも操作的に設えられたコミュニティが棚上げされるときに生じる、「自己」を超えて出来する自・他の関係性である。「異他の共同性は、関係性の異他なるかたちとして、すなわち私たちの『他者とともにいること』の異他の様態として、合理的な共同体の課業が中断されるときどきにおいて現れる」。「それは、合理的な共同体の『内部』に不断の可能性として息づいている。実体化を強いられる可能性としてではなく」(Biesta 2010 : 90［ビースタ 二〇一六：一三三］)。

§ 代替不可能性としての特異性

敷衍しよう。この自・他の関係性のなかの特異性は、「私」と「あなた」がともに生きている(共存在する)なかで、成り立つ(親友や恋人が互いにかけがえがない存在であるように)。いいかえれば、「私」と「あなた」の親近の関係性(これはビースタではなく、私の表現である)のなかでのみ、「私」と「あなた」はともに特異性である。堂々めぐりの定義になるが、親近の関係性とは、二人が互いに相手をかけがえがないと想い感じている状態である。こうした二人の間で重要なことは、相手が何を・どのように語るかということよりも、相手が自分とともにいることそれ自体である。つまり、コミュニケーションの内容の価値よりも、コミュニケーションに現象する共存在の実感である。

以前に述べた、人の他者への「応答可能性」、すなわち「責任」から区別されるそれは、この「私」と「あなた」の共存在の実感、親近の関係性のなかで、比較的よく現れる（むろん、まったくの他人に対しても現れるが）。たとえば、りっぱな会場で行われる盛大で厳粛な葬儀において、著名人の代理の人が、どんなにりっぱな送別の言葉を、どんなにしめやかな調子で述べようとも、それは、死者への応答にはならない（むろんそれは、代行という責任の、りっぱな遂行になるが）。代理の人は、死者に対して特異性ではないからであり、したがって死者への応答可能性をもちえないからである。

代替不可能性としての特異性は、子どもの養育という日常生活において、見いだされる。なるほど「子どもにとって、親はかけがえのない存在である」とよくいわれるが、それは、親のケアが子の生存に必要だから、という理由だけでなく、親の存在が子にとって代替不可能だから、という理由からでもある。たとえば、いわゆる「保育園」の先生が、淋しくて泣き続ける子どもをどんなにがんばってケアしても、その子は、泣き疲れて眠るまでは、なかなか泣きやまない。それは、先生のケアが、親の代替不可能性を代替することができないからである。

§ 子ども虐待と凶悪犯罪の心的背景

ビースタの議論から逸れるが、このような親の特異性＝代替不可能性は、親近の関係性の構成要素であるだけでなく、「子ども虐待」（「ネグレクト」や「母性剥奪」をふくむ）という「関係性の病理」の構成要素でもある。親近の関係性のなかで生きている幼い子は、虐待を、親の暴力、すなわち否定されるべき言動として認識するよりも、親のしつけ、すなわち受け容れるべき言動として感じるからである。これが、子どもが親の虐待をめったに告発しない理由の一つである。

子ども虐待は、現代社会の重大な問題の一つである。それは、さしあたり端的にいえば、凶悪犯罪の温床であり、また、大局的にいえば、現代社会が独自性から区別される特異性を事実上、無視してきた結果である。なるほど、アメリカの精神医学者ハーマン（Herman, Judith）が『心的外傷と回復』（一九九四）で描くように、「虐待の世代間連鎖」は誤りである。虐待された子どもが虐待する親になる比率は、大きくない。しかし、凶悪な犯罪者がかつて虐待された子どもであった比率は、大きい。加藤尚武は、二〇〇〇年の『子育ての倫理学』において、幼いころの「母性剝奪」（母子の親近の関係性の欠如）について、「異常な環境が異常な人間を生むという信念は、平凡な人生の安心の支えである。だが、全く日常的な母性剝奪が、異常を生みだすことがある」と述べている（加藤 二〇〇〇：六〇）。

親子のさまざまなコミュニケーションは、この「母性」という言葉に象徴されるような、親近の関係性に支えられている。子の、どんなときでも親が自分を助けてくるという原経験と、親の、どんなときでも自分よりも子を想うという原経験、その相関が、親子の間に親近の関係性を創りだす。この親近の関係性の基礎は、これまで述べてきた感受性の広がりである。たとえば、親が子を「叱る」ことが可能なのは、子に親の気持ちがわかるからである。親の「〇〇してはだめ」の「〇〇」の指しているいることがどういうことなのか、なぜいけないのか、そうしたことはよくわからなくても、その子は、親の心を、言葉を超えて感じ受けとるから、「〇〇」はわるいことと意味づけるのだろう。「ほめる」ことも、同じだろう。子育ての方法として「ほめて育てる」ことが大事であるといわれるが、ほめられていい気分になりさらに努力しようとすることとともに、親が自分を支えている、親と自分がつながっている、という感得が子のなかで積み重ねられることも、大事である。

おそらく、「教育臨床学」が確認し研究すべきこと（の一つ）は、他人からの承認によって生じる独自性ばかりに気を取られ、親近の関係性のなかに生じる特異性を看過し、気づかないうちに、自分の子どもを酷薄な言動しかとれない人間に追い込んでしまう、という悲しい事実であろう。

§ 共感の前提としての感受性の広がり

さて、思い切って解釈（妄想）するなら、異他の共同性、特異性を顕現させる自・他の関係性は、「良心の呼び声」が創りだす共同性である。この「呼び声」は、原始キリスト教の時代から語られてきた、そして現代においても、なんだかわからないけれども、ときに私たちが経験する「内なる声」（アウグスティヌス）である。親密どころか、名前すら知らない他人が傷んでいる・苦しんでいるとき、私たちに到来する「呼び声」である。この「呼び声」に応じるとき、その他人と私は、まったく異なり他であるにもかかわらず、ともに生きる。これが、異他の共同性であろう。

そして、この異他の共同性の基礎も、感受性の広がりである、と考えられるだろう。それは、いわゆる「共感」（empathy）と同じだろうか。福田正治の『共感』によれば、「共感」は「些細な動きから」「相手の意図を汲み取り」「微妙な表情から相手の感情までも読解する」「マインド・リーディング」の一つであり、「他者の感情に対応した自己の感情的反応」であり、「社会的知性」の一つである（福田 二〇一〇）。このような「共感」は、あくまで「自己」に帰属し内属する「知的能力」である。いいかえれば、この「共感」は、「心の中」に閉じ込められた営みのままである。

したがって、こうした「共感」は、私が象ろうとする感受性の広がりから、区別される。たとえば、赤ちゃんの「愛着行動」は、賢明なる「知的能力」の現れではないだろう。また、人がしばしば突きつけられる「この人に何かしなければ」という責めは、「自己」の所作ではないだろう。そうした現象は、「知性」や「自己」や「意志」とは無関係に生じていると考えられる。そうした現象は、むしろ、五感、身体が拡げている感受性の広がりが、結びあいつつ、大脳、意識に伝えてくるメッセージだろう。「共感」は、むしろ、この感受性の広がりのうえに存立可能になるのではないか。こうした考え方については、本書の第一二章において、あらためて敷衍することになるだろう。

§ 中断の教育学、出来の教育学

　ともあれ、確認しておくなら、リンギスのいう「異他の共同性」――「良心の呼び声」への応答が創りだす自・他のつながり――は、いわゆる「道徳規範」とは無縁である。「私たちが、すべての人は責任を担うべきである、責任をもって行為すべきであると言ったとたんに、私たちは、異他の共同性を合理的な共同体に変えてしまう」（Beista 2010 : 90［ビースタ 二〇一六：一三二 - 三］）。「責任」という道徳規範を超えてある共同性、道徳規範に隠される共同性、それが「異他の共同性」である。

　そしてビースタは、この「異他の共同性」「親近の関係性」に支えられた独自性・特異性を保全しようとする教育学を「中断（interruption）の教育学」と呼ぶ。なるほど、人に、「合理的な共同体」の意味・価値（有用性・公正性）に従うこと、そして意図的な操作としての働きかけを「中断」させるから、そう呼ばれる。「中断の教育学は、『強い』教育学ではない。それは、どんな意味においても、［意図的操作による］『成果』を保証する教育学ではない。……教育の基本的な『弱さ』を認める教育学である」（Beista 2010 : 91［ビースタ 二〇一六：一三四］）。この「強い」／「弱い」の区別は、あらためて論じるが、「成果をあげる／成果を超える」の区別といいかえられるだろう。

この「中断の教育学」は、『教育の美しい危うさ』では、「出来（the Event）の教育学」と形容されている。「出来」とは、「主体性の出来」（event of subjectivity）であり、人が独自性・特異性としておのずと現れることである。それは、コミュニケーションの考え方をたえず「脱構築」するコミュニケーションを要請する。教育にかかわる人は、生徒とのコミュニケーションを、情報伝達の手段として定型化する傾向にある。しかし、「本当の教育的コミュニケーション」は、ある人から他の人への情報の伝達ではなく、「コミュニケーションを全体化［totalize ＝絶対化］することなく、そうした考え方をコミュニケーションに差し戻すことで、つねにコミュニケーションの考え方を『危うくさせる』こと」である（「絶対化」は、筆者の言葉で、「すべてを規定するものになる」を意味する）。

ビースタは、デリダの「脱構築」論を援用しつつ、デューイは、人の活動すべてを規定するものとして絶対化された「意識」のかわりに「コミュニケーション」を提案したが、その「コミュニケーション」を絶対化していないだろうか、と問う。どんなことについても絶対化を避けようとするなら、「コミュニケーション」の絶対化も避けなければならない。しかし、ビースタは、少なくともデューイのいうコミュニケーションは、本来的に「脱構築」的な営みである、という。「デューイがよく知っていたように、コミュニケーションは、つねに変化・変容のリスクをふくんでいる」と（Biesta 2013：139, 39-41）。大事なことは、絶対化を回避するコミュニケーションを、ふだんから心がけることである、と。具体的にいえば、それは、教師が、私は本当に語るべきことを語っているか、と自分に問いかけ、答えのない根本的な問いへと生徒を誘うコミュニケーションに向かうことである。そのとき、「教えることとは、教師がもっていない贈りものを生徒に贈ること」になる（Biesta 2013：139）。

§ デモクラシーを支えになうこととして

ビースタは、こうした「中断の教育学」「出来の教育学」は、デューイがいう「デモクラシー」すなわち「協同的な生の様態」を具現化するだろう、という。デューイにとって、「デモクラシー」は政治制度としての「民主制」ではない。それは、「協同的」(associated) という人びとの本来的な生の様態である。このデモクラシーは、いいかえれば、独自・特異な諸個人が、それぞれにその「自由」、すなわちそれぞれが特異性として他者にかかわる「自由」――異他の共同性――を体現しつつ、この世界に「参入」(participate「苦楽をともにする」も意味する) し、それを構成することである。

ようするに、ビースタにおいては、このデモクラシーへの「自由」に向かい、すなわち独自・特異な人として、他者と協同的である人として、生きるために、たえずもっともらしい意味・価値、規約・制度を「脱構築」するコミュニケーションが、まさに「コミュニケーション」と呼ばれ、このコミュニケーションを人としてになうことが、「主体化」と呼ばれる、といえるだろう。つまり、ビースタのいう主体化とは、人が生の様態としてのデモクラシーを支え、になうことである、と。念のために、付言すれば、「コミュニケーションこそが大事です」を繰りかえし言い立てることは、ここでいうコミュニケーションではなく、その絶対化、いわば、定型書式化であり、ここでいうコミュニケーションがまさに「脱構築」する、つまり解放し生成する「自由」を排除する、暴力に通じる。

さて、私の考えるところでは、デューイ、ビースタのいう「デモクラシー」は「想像されるべきもの」であり (第六章)、それをしっかり考えるためには、「弱さの力」を肯定的に語らなければならない。というのも、協同的な生は、たんに協力し問題を解決することにとどまらず、存在論的なそれでなければならないからであり、そこに現れる生は、「強さの力」ではなく、「弱さの力」だからである。

第八章 何が「力」と呼ばれるのか

Chapter 8 : What Called Force ?

§ ふりかえって

前章で、「異他の共同性」と「親近の関係性」に支えられた、人の独自性・特異性（かけがえのなさ）を保全しようとする教育学を、ビースタは「中断の教育学」「出来の教育学」と呼んでいる、と述べた。それは、人に、「合理的な共同体」の意味・価値（つまり有用性・公正性）に従うことを「中断」させ、独自性・特異性を感得させる「自由」を「出来」させるから、そう呼ばれる。思い切っていえば、それは、「成果・成績が人の価値を決める」こと、「だまって規則・規範に従う」ことを棚上げして、人が人として〈よりよいこと〉に向かうことを語る教育学であった。ビースタにとって、その存立条件が、真の「自由」に向かうコミュニケーションであった。

　前章で、私はまた、一つのパラドクス（やっかいな事態）を指摘した。それは、子どもにとって親が特異性であることが、「親近の関係性」の構成要素であるだけでなく、「子ども虐待」（「ネグレクト」や「母性剝奪」をふくむ）という、いわゆる「関係性の病理」の構成要素でもある、ということであった。この「関係性の病理」について確認しておくべきことは、たしかに凶悪な犯罪者は、多くの場合、子ども時代に虐待を経験しているが、虐待を経験した子どもの多くが、凶悪な犯罪者になるのではない、ということである。いいかえれば、虐待という原因が、凶悪な犯罪という結果を引き起こす、とはいえないということである。凶悪か否かにかかわらず、犯罪の原因は多重的で、特定の経験（この場合「虐待経験」）に帰しえないからである。もうすこしいえば、当人のなかで虐待経験がどのように意味づけられ、その意味づけがどのように当人の言動を方向づけたのか、それがまた……、といった個々の累積的事実が、虐待と犯罪とのあいだに横たわっている。

　ともあれ、人が人として〈よりよいこと〉（独自性・特異性の保全）に向かうことを語ろうとするとき、留意すべきことは、その〈よりよいこと〉を語る語り方であろう。それを、レヴィナスの言葉を借りていえば、「全体性」に祭りあげ、絶対化することは、肝心の〈よりよいこと〉を押しつぶすことになるだろう。さしあたり、私は、この〈よりよいこと〉が向かう先を、「テロス」（telos）と呼ぶが、それは、レヴィナスのいう「全体性」でも、プラトンのいう「イデア」でもない。序論で述べたように、それは、一人ひとりにおいて事後的に潜在的なものとして象られる。

　しかし、よく知られていることだろうが、現代の教育言説が盛んに語るのは、こうしたテロスへ通じる思考、すなわち存在論的思考ではなく、具体的な「能力形成」のための「教育方法」である。

たとえば、「コンピテンシー」形成のための「アクティブ・ラーニング」や、「ＤＢＬ（Design Based Learning）」としての「ＳＴＥＭ（Science, Technology, Engineering and Mathematics）教育」である。そうした教育言説のなかで増殖してしまうのが、いわば「リキッドな欲望」（liquid desires）であり、この欲望を充足させるための力、すなわち「強さの力」であろう。私が懸念することは、そうした「強さの力」の言説が、もう一つの力、すなわち「弱さの力」を隠してしまうことである。

この章で試みたいことは、私たちのいだく「力」の概念の存在論的位相の開示である。すなわち、通念としての力の観念、「強さの力」に隠されてしまっている、「弱さの力」を確認することである。それは、端的にいえば、強さの力／弱さの力の重層性を示すこと、すなわち善／悪、光／闇のようなコード（主／従の二項関係）において、唯一不動で自存する実体であるかのように見える主（善、光）が、それから区別される従（悪、闇）との関係のなかで成り立っていることを示すことであり、また絶対化され実体化されている主を、生成生起する出来事としてとらえなおすことであり、さらにその出来の反復が黙示する固有特異なる事後／潜在のテロスを、一人ひとりの当事者が証言することである。

§ 欠如感とニーズ

これまで何度かふれたように、「テロス」という言葉は、「真実」「目的・終極」「根本法則」といった意味で用いられてきた。さしあたり、簡単にいえば、それは、人が実体化・絶対化の危険を冒しつつ求め続ける〈よりよいこと〉の行き先である。しかし、このテロスは、「これこれである」と始めから定義できない。定義できるということは、「すでにわかっている」ということであるが、〈よりよいこと〉は、はっきりわからない。わからないが、欠如していると感じられる。

したがって、このテロスは、アメリカの社会学・教育学がいう「ニーズ」ではない。ニーズは「必要なもの」である。それは、多くの場合、商品として売られているものであり、商品のように実在しなくても「これこれである」とはっきりわかっているものである。たとえば、ＳＴＥＭ教育が推奨する「デザイン」は、実在しないが、個人・社会・地球が「必要とするもの」を構想することである。たとえば、太陽光発電の新素材、遺伝子操作の技術、資源再生の技術などを構想することである。

このようなニーズを生みだしているのは、資源の枯渇、生態系の破壊、人口の増大といった「危機」でもあるが、そうした危機を招いているのは、突きつめていえば、私たちの「欲望」(desires) だろう。この欲望は、ある有名な歌に歌われているように「限りないもの」である。私たちの生活は、およそ毎日、物質主義的に「豊か」になっているが、そのなかで暮らしている私たちは、「もっと快適に」「もっと便利に」というように、限りなく欲望を強めていく。たとえば、生まれた時からスマホがある人たちは、側にいない人と連絡が取れることや、わからないことを簡単に教えてくれることは、当然だろうし、現在のそれについても、まだ「面倒」「不便」と感じ、「もっと……」と思うだろう。それは、バウマンの言葉を流用していえば、「リキッドな欲望」と呼べるだろう。

念のためにいえば、「欲望」は、実体の名称ではなく、便宜的呼称である。それは、哲学の伝統に結びつけていえば、「快 (快／苦 pleasure/pain)」を原理としている、といえるだろう。「快」を人間行動の原理としたのは、「功利主義」(Utilitarianism) と形容される哲学者たち (たとえば、ホッブズ (Hobbes, Thomas)、ロック (Locke, John)、ヒューム (Hume, David)、ベンサム (Bentham, Jeremy)、さかのぼれば、アリストテレス) である。たとえば、ベンサムのいう「最大多数の最大幸福」の「幸福」(happiness) は、人びとが「もっと……」と求める「快」である。たしかに、彼らが述べてきたように、「快」への傾きは、科学技術、文化文明を進歩・発展させる原動力であるといえる。

§ 謙虚と感謝

しかし、この（リキッドな）欲望による進歩・発展のなかで見失われるものもある。たとえば、「謙虚」と「感謝」。小説家の佐藤愛子は、『九十歳。何がめでたい』において、現代日本社会では、「謙虚さや感謝、我慢などの精神力」が見失われている、と叫ぶ。「進歩」が必要なのは、文明ではなく「精神力」である、と（佐藤 二〇一六）。ただ、こうした議論は、以前からある。

たとえば、ハイデガーの「技術批判」がそれで、ハイデガーは、人びとの技術への執着によって、人びとが「存在」（Sein）の自然版である「大地」（Erde）に対する「謙虚」と「感謝」を忘却してしまうことを、憂慮している。「人間自体が使われるものとしてのみ受け容れられる」という危うさを生きながら、「人間は、大地の主人であるという尊大な態度をとっている」。そんな人間は「自分の本質には、もはやけっして出会えない」と（Heidegger, GA 7, FT : 28〔ハイデッガー 二〇一三：四八〕）。

ハイデガーのいう「謙虚」（humilitas / humilité）・「感謝」（gratia / gratitude）は、もともとキリスト教の超越者（「イエス」）――ハイデガーの場合、「存在」――に対する感覚であり、人に対する謙虚・感謝は、その転用であろうが、リキッドな欲望は、もともとのそうした超越者への感覚を消去してしまう。「テロス」という言葉も、さまざまな使われ方をしてきたが、基本的に超越者を前提にした言葉といえるだろう。いいかえれば、この言葉を使うことは、「快適」「便利」をただ追い求めていていいのか、「もっと大切なこと」があるのではないか、と感じることを暗示している。

§「言葉の力」

ビースタにもどっていえば、『教育の美しい危うさ』で述べているように、ビースタにとって、教育においてもっとも大切なことは、リスクを厭わず、一人ひとりの「独自性」「特異性」（かけがえのなさ）」を保全することである。人が、人を、その能力の多寡にかかわらず、「一つのいのち」として、かけがえがないものとして、感じとることである。〈能力／存在〉という区別を用いれば、一人ひとりを「存在」として、かけがえがないものとして、感じとることである。

このように言うことはたやすいが、このような感性を実際にもつことは、なかなか難しい。とりわけ、人の「能力」は人為であり、人の「存在」を神からの贈与である、と考えるキリスト教思想が退潮した世界、またそうしたキリスト教思想が深く根づいていない世界（たとえば、日本社会）に生きている人びとにとって、人の「存在」は、その「能力」と一体されがちである。

おそらく、この困難さを突破する糸口が、ビースタも『教育の美しい危うさ』で言及している「弱さの力」（force of weakness / inpotentiality）という考え方であろう。しかし、ビースタ自身は、この概念について詳しく論じていないので、私なりに敷衍してみよう。まず、すぐに次のような疑問が生じるだろう。「弱さ」に「力」などあるのか、「力」とはそもそも「強さ」のことではないのか、と。

この疑問を払拭するための第一のステップは、「実定の力」と「言葉の力」を区別することである。「実定の力」は、「暴力」「権力」のような「ふるう」という動詞にふさわしい人為の力（人が意志・意図し何か・だれかに行使する力）である。この実定の力は、むろん、あの「能力」と結びついている。私たちの用いる「力」という言葉は、ほとんどの場合、この実定の力であろう（現代物理学のいう「弱い力」（weak forces）はちがうかもしれないが）。これに対し、「言葉の力」は、銃を突きつけられるような暴力の場面を思い浮かべればわかるように、無力に思える。相手に自分の心を伝えようとするもどかしい場面でも、そう思えるかも知れない。言葉は、なんと弱いのか、と。

にもかかわらず、「言葉の力」は、たんに無力であるとは思えない。たとえば、歌は、まさに言葉であるが、しばしば人の心を動かしたり支えたりする力をもち、「無力」とはいえない。言葉は、人の深い想いをともなうとき、人の心を動かす力となる。命がけの現実に立ち向かうための言葉は、声を媒体とする、現実に対する「アゴーン（闘争）」であろう。ひたむきな想いとともに発せられるその言葉が、どうしようもないと思える情況のなかで、活路を切り開いていくことがある。鷲田は、『〈弱さ〉のちから』の冒頭で、哲学思想の言葉は、「言葉で世界の果てまで行きつこう」とする「法外ともいえるひたむきさ」に彩られている、と述べている（鷲田 二〇〇一：一）。

§「弱さの力」

第二のステップは、その「言葉」は、実際に耳に聞こえる「言葉」でもあれば、聞こえない「言葉」でもある、と考えることである。たとえば、人が助けを求める「言葉」は、実際に発せられる「助けて」という言葉であるとはかぎらない。痛んでいる・傷ついているだれかがそこにいるだけで、私たちは、その「言葉」を聞くだろう。その「言葉」も、やはり助けを求める声ではないだろうか。それは、ヴィトゲンシュタインが、「他者の痛み」について、語っていることと同じである。

その、声にならない助けを求める声を発するだれかを形容する言葉が、ここでいう「弱さ」である。そこにいるだけで、私たちの多くが心を動かされ、「何かしなければ」、という思いに駆りたてられるような、そうした人の在りようである。したがって、ここでいう「弱さ」は、いわゆる「弱者」の社会的特徴ではない。むろん、「弱者」と呼ばれる人がここでいう「弱さ」を体現していることも多いだろうが、概念としての「弱者」は、あくまでも「能力」（有用性）の多寡で区分けされている。しかし、ここでいう「弱さ」は、この「能力」という基準とは無関係である。

そして、この「弱者」から区別される「弱さ」が人の心を揺り動かすことを、「弱さの力」と呼ぶ。それは、「大丈夫だろうか」「助けなければ……」といった想いが生じること、「弱さ」が人に到来させる力である。いいかえれば、「弱さの力」は、呼応する力、他者の呼びかけに応える力である。この「弱さの力」は、とりわけ臨床の場で顕現する。たとえば、病いの床、臨終の床、誕生の床、休息の床で。こうした臨床の場で、人は、すべての社会的地位・評価から解放される（を剝奪される）。そこにあるのは、「一命」（une vie）、いわば、裸形のいのちである。

§ デューイの「依存の力」

こうした「弱さの力」は、デューイが「依存の力」と呼ぶものと同じである。それは、自分が他者に依存できること、他者が自分に依存することを受容できること、である。「依存」といえば、否定的なニュアンスがただようが、デューイは、それを肯定的に意味づける。なぜなら、それは、協同性の基礎である相互支援（助けあい）を可能にするからである。デューイにとって、人びとが「依存の力」を喪い、個人主義的な「個人性」（自律性）に惑溺することは、きわめて危険なことであった。デューイは、有名な『デモクラシーと教育』において、次のように述べている。

「社会的観点から見るなら、「他者への」依存は、弱さではなく、むしろ力（power）を意味し、その依存は、相互依存（interdependence）をふくんでいる。個人の独立性が増加することは、個人の社会的能力（social capacity）が減少する危険性をつねにはらんでいる。個人が独立的・自立的になればなるほど、個人はますます自己満足的になるだろう。つまり、個人は独善的になり、他者に対し冷淡になるだろう。その結果、人はしばしば自分と他者との関係について非常に鈍感になって、自分ひとりで生活し行動することが実際にできるにちがいないという幻想にとりつかれるだろう。それは一種の無名性の狂気であり、それは治療可能ではあるが、この世界を現に苦しめている多くの災厄の原因である」と（Dewey, CW, mw. 9, DE : 49）。

ここで、デューイは、当時の「個人主義」、すなわち「自己」の欲望を実体化し制度化した言説を批判し、そこで語られる「個人」が「相互依存」という自・他の関係性を看過し、エゴイズムに堕する、と論じている。思い出すべきは、「依存の力」である、と。この力は、異なり他なるものを動かし操る力ではなく、それらを招き容れる力である。いわば、制御する力ではなく、歓待する力である。ちなみに、この受容する力は、倫理的な意味で、他者への配慮・顧慮を可能にしているだけでなく、生物学的な意味で、生命の生存・活動を可能にしている。そもそも、栄養を摂らなければ、いいかえれば、栄養を自分のなかに招き入れなければ、生命は、自分を維持できないのだから。

§　鷲田の「〈弱さ〉のちから」

また、鷲田清一が「〈弱さ〉のちから」と形容することも、ここでいう「弱さの力」である。それは、ある人の「弱さ」が「それを前にしたひとの関心を引き出す」ことである。ある人の「弱さ」によって、別の人が「介助する」という力を引き出されることで、「介助するひとが介助されるひとにケアされる」ことである。いいかえれば、介助という営みは、「〔他者を〕『支える』という視点からだけでなく、〔他者からよりよく生きる〕『力をもらう』という視点からも考える必要がある」。人は、「他者の存在の光景」に巻き込まれること（involvement）で、自分のなかに眠っている、他人を助けるという自分の「力」を呼び覚ます（鷲田 二〇〇一：一九〇、一九二）。

　この「巻き込まれ」は、他者の、泣き叫ぶ姿、蹲《うずくま》る姿、虚ろな瞳、震える肩などから、目を離せなくなることで、他者とつながっている自分を如実に感じることである。この他者とのつながりを、鷲田は「co-presence（たがいに傍らに居合わせること）」と形容している。それは、「他者を深く迎え入れること」であり、「〈わたし〉をほどきあ」うことである。つまり、あの「自己」を溶解させることである。そして、それを可能にするものが「感受性」である。それも「感覚が消え入りそうなほど微弱な共振」、「ひりひりするような微弱な感受性」である（鷲田 二〇〇一：一九六）。

　この「感受性」は、かならずしも対面している他者によってのみ呼び覚まされるものではない。それは、私たちが、映画を観たり小説を読んだりするときにも、呼び覚まされる。たとえば、島尾敏雄の私小説『死の棘』を読んで、あれこれと人間の欲望と宿痾を考え論じることも、この「感受性」によって可能になる。重要なことは、そこに描かれているような、愛憎・悲哀に圧倒されることではなく、私たちの人生を、そのように善くも悪しくも豊かに彩る感情の前提、すなわち「感受性」による他者とのつながりが、私たちには、在るのになかなか見えない、という事実である。

§ニーチェの「弱者の弱さ」ではなく、シェーラーの「精神」

ここで述べてきた「弱さの力」は、ニーチェが一八八七年の『道徳の系譜学』で難じた「弱者の弱さ」(die Schwäche des Schwachen)ではない。ニーチェはそこで、キリスト教を「弱者の宗教」と呼び、激しく論難している。キリスト教は「貧しい者、無力な者、卑しい者だけが善い者だ」というが、この世界の変革を試みる勇気をもたず、「ルサンチマン」(Ressentiment 嫉み・恨み)を原動力としている。しかも、それを隠すためにもっともらしい「道徳」(「善意」「謙虚」「従順」)をかかげる。キリスト教は、自分の「弱さ」を隠蔽するために、「強さ」を「情欲」「欲望」と見なし、「(禁欲的)道徳」規範によって否定する。こうした「弱者の宗教」は、「隣人への愛」を説くが、それは、従順な「羊の群れ」を作り出すだけである、と(Nietzsche, KS 5, GM〔ニーチェ 全集Ⅱ・三〕)。

「弱さの力」は、こうした「弱者の宗教」によって正当化されるものではなく、逆にそれによって隠されてしまうものである。第一に、「弱さの力」が、いかなる内容であれ、規範としての「道徳」とは無縁だからであり、第二に、「弱さの力」が、ルサンチマン、個人主義を可能にするような、実体としての「自己」を忘れているからである。思うに、ニーチェは、「弱者の弱さ」批判に精力を傾けるあまり、「弱さの力」を説得的に語る余力をもたなかったのではないだろうか。

ここで、言及しておきたいのは、「生命」(Leben)の哲学」を説いたといわれるシェーラー(Scheler, Max 1874-1928)のいう「精神」(Geist)である。シェーラーは、逝去した一九二八年に出版した『世界内の人の位置』で、「力強いものは、本来的に卑しいものであり、無力なものは、もっとも気高いものである」と述べている。シェーラーにとって、「ペルゾン」(Person)を核とする「精神」は、もっとも気高いが、もっとも無力なものである。「本来的にいかなる『権力』も『能力』も欠いているものが、まさに精神であり、精神は、純粋であればあるほど無力である」。「精神」は、さまざまな「理念」を示すことはできるが、それらを具現化することができない。「理念」を具現化するのは、身体としての「生命」である（Scheler, SGW 9, SMK：52-7［シェーラー 二〇一二：八一 - 七］）。

シェーラーのいう「生命」、つまり生存し活動する人は、「精神」に支えられ援けられてはじめて、まともに機能する。この「精神」の中核である「ペルゾン」、すなわち「人格」と訳されてしまうそれが、古いキリスト教思想に由来するそれ、すなわち、「聖霊（プネウマ）」、「位格（ペルソナ）」、「魂（プシュケー）」と呼ばれたものであることは、いうまでもないだろう。シェーラー自身が、その本態を「神性」（deitas）と形容し、「すべての有限な存在者［つまり人］を支える至高の根拠」と規定しているように（Scheler SGW 9, SMK：57［シェーラー 二〇一二：八六］）。

§「弱さの力」である神

デューイ、シェーラー、鷲田に見いだされる「弱さの力」は、思想史をさかのぼれば、イエス／パウロのいう「弱さの力」にいたるだろう。パウロは、「コリントの信徒への手紙 第二」で、「力は弱さのなかでこそ、完全に現れる（とイエスはいった）」と述べるとともに、「だから、弱さ、侮辱、窮乏、迫害、隘路をキリストのために喜ぼう。弱いときに、私は力がある」と述べている（IIコリント 一二・九 - 一〇）。この「弱さの力」をどのように解釈するのか、アウグスティヌス以来、詳細に論じられているが、それが人を見返りなく愛する力を指していることに、間違いはないだろう。

無条件の愛と象られた「弱さの力」は、現代社会において、どのように受けとられるのだろうか。過去の遺物、古代の妄想、ただのきれいごとだろうか。しかし、キリスト教思想に傾く人は、人は、人であるかぎり、無条件（無償）の愛を体現する可能性を保持している、と確言するだろう。すなわち、「キリストの出来」を「アガペー」としての無条件の愛の開示（「啓示」）であると感受し、それをみずから「真理」として体現しようと試み続けることができる、と。端的にいえば、人は、苦難のなかにあろうとも、本来的に「キリスト教的主体」となる可能性を秘めている、と。

　しかし、重要なことは、この「キリスト教的主体」という言葉ではなく、それが指し示すところを、教義への臣従とは無縁に語ろうとする、ということであろう。そうすることは、おそらく可能だろう。すなわち、キリスト教の教義に臣従しなくても、たとえば、ナザレのイエスを「キリスト」と信じなくても、またイエスの刑死を「すべての人の罪の贖い」と信じなくても、「キリスト教的主体」と呼ばれる生を語ることはできるだろう。それは、充分にとはいえないだろうが、かつてカントが「道徳性」という言葉で語ろうとしたことである。これについては「結論」で再論しよう。

第九章
何が「愛」と呼ばれるのか

Chapter 9: What Called Love ?

§ ふりかえって

前章で、通俗通念的な「力」の概念の存在論を試みた。すなわち、「力」は、実定的作用としての「強さの力」だけでなく、「弱さの力」でもある、と述べた。それは、いわば、だれかからの声にならない呼びかけに無条件に応える力、つまり「呼応性」である。この「弱さの力」は、「強さの力」に隠されがちであるが、人が人に深くかかわろうとするときに、すでにそこで働いている。この「弱さの力」も、これまで論じてきた感受性の広がりを前提にして生じるものだろう。

さて、教育という営みは、ともすれば、「強さの力」の形成に還元される傾向にあるが、その最初から、すなわち子どもの誕生のときから、「弱さの力」を前提にしている。個人としての自分の欲望にとらわれる宿命にある私たちは、この「弱さの力」を、ときに鬱陶しく思う。縋りつく幼い子どもに「応えなければ」と感じる自分の心が、鬱陶しくなる。「子育てほど、面倒くさいものはない。自分のことは何もできなくなる。だから、子どもなんて……」という人は、この鬱陶しさに心を占められて、この鬱陶しさの背後にある「弱さの力」を感じとれなくなっているのだろう。

「弱さの力」を覆い隠す営みは、教育という営みだけではない。この社会が、有用性と公正性を根本原理としているかぎり、すなわち、利益をもたらすものと規範に従うことを何よりも重視するかぎり、社会のさまざまな活動が、結果として、「弱さの力」を覆い隠す働きをしてしまう。「弱さの力」を体現することは、ほとんどの場合、利益とも規範とも無関係だからである。

前章で、確認したように、この「弱さの力」の「弱さ」は、ニーチェが批判する「弱者の弱さ」ではない。その「弱さ」は、ニーチェのいう「力への意志」(Der Wille zur Macht)を嫌悪し、それを「情欲」に矮小化し、「理性」によって支配しようとする人びと(ニーチェが「末人」「畜群」と呼ぶ人びと)の「道徳的」生き方である。ニーチェのいう「力への意志」は、政治的・社会的・宗教的秩序が創りだすもっともらしい支配を無視し横断する、荒ぶる力である。その本態は、驚かれるかもしれないが、あのイエスに対する共鳴共振する力である。というのも、イエスこそが、古代ユダヤにおいて、ユダヤ教のもっともらしい支配を無視し横断した荒ぶる力そのものだからである。

私の考えるところでは、このイエスの生きざまが示す圧倒的強度に共鳴共振することは、感受性の広がりのなかで生じる出来事である。すなわち、ニーチェのいう「力への意志」それ自体、ないしそれを可能にしているものが、人と人を根底的につなぐ感受性の広がりである、ということになるだろう。というのも、この感受性の高ぶり、波立ちこそが、「共鳴共振」と呼ばれる営み、古い言葉を使えば、「感化」と呼ばれた営み、意志・意図を越えた営みだからである。

　さて、この感受性の広がりが可能にしている営みを、もう一つ取りあげよう。「愛」と呼ばれる営みである。ここでいう「愛」は、クロソウスキー（Klossowski, Pierre 1905-2001）やバルト（Barthes, Roland 1915-80）が論じる「愛する」すなわち「愛《め》でる（愛撫する・弄ぶ）」とは区別される。これは「羞じらい」「わいせつ」に深くかかわる営みである（鷲田は、『〈ひと〉の現象学』で、「羞じらい」を「対象としてあることを拒む存在」のふるまいであり、「猥褻」を「羞じらい」を「可視的な表象として無理やり固定するふるまい」ととらえている（鷲田 二〇一三：一一六））。ここでいう「愛」は、先にふれた「呼応する力」としての「弱さの力」に似ているが、それよりも持続的・固有的な形態の感受性の広がり、いわば最強度の交感、共鳴共振である、といえるだろう。それは、たとえば、親子の情愛関係に見いだされる。こうした「愛」と呼ばれる営みは、いわゆる「共依存」（co-dependence）の関係、たとえば、親の期待に子が応えるという関係が内閉し、そこから子が出ようとする力すら矯められてしまうという鬱陶しい状態から、区別される。「愛が共依存を生む」「愛という名の支配」といわれる「愛」ではない。

§ 近代教育思想における愛

　さて、「愛」という言葉は、多様な使われ方をしてきた。たとえば、異性間の「恋愛（性愛）」、親子間の「情愛」、友人との「友愛」、住み慣れた場所への「郷土愛（祖国愛）」など。これらのうち、古代ギリシアからある「愛」は、「情愛」と「友愛」である。それぞれ、「ストルゲー」（storge）、「フィリア」（philia）である。「恋愛（性愛）」は、近代的な「愛」である。「郷土愛」も、ギリシア語やラテン語にはない（英語にすれば、local patriotism だろう）。そして、よく西欧的な「愛」として語られる「エロース」（erōs）と「アガペー」（agape）は、どちらもギリシア語であるが、特異な意味で用いられる言葉である。「エロース」は、ふつうは「情事・熱望」などを意味するが、よくいわれるそれは、プラトンのいうそれで、魂がイデアに向かう情熱である。「アガペー」は、前章でふれたように、ヨハネやパウロが使うそれで、神の人への、人の神への、人の人への、無条件（無償）の愛である。

次に、教育思想において、「愛」love（affection）/ amour（affection）/ Liebe はどのような位置をしめているのか、確認しておこう（ドイツ語の Affektion は「好意」も意味するが、第一義は「疾患」である）。おおよそルソー、カントに始まる近代教育思想において、「愛」は一貫して重視されたテーマ、というわけではなかった。ルソーも、カントも、ヘルバルトも、「愛」を積極的に語っていないが、ペスタロッチ、フレーベルは――二〇世紀はじめに「教育愛」（die pädagogische Liebe）と形容されることになる――教える人の学ぶ人への「愛」を積極的に語っている（ちなみに、「教育愛」を英語やフランス語に翻訳しようとすると、いささか工夫が必要となる）。日本の教育学では、稲富栄次郎が一九四〇年代に、おそらく最初に「教育愛」という言葉で、「愛」を主題的に論じ、彼の弟子筋にあたる新堀通也も論じているが、その後、「教育愛」は、積極的に論及されていないように思う（ただし、一九九九年に文科省の教育職員養成審議会は、答申「養成と採用・研修との連携の円滑化について」で「教育的愛情」という言葉を用いているし、二〇〇二年に岡田敬司が『教育愛について』という本を出版している）。

ちなみに、ドイツにおいては、この「教育愛」は、一九七〇年代後半から、事実上の「支配」であると告発され、批判された。その種の批判を行う論者は「反教育学」（Antipädagogik）を名乗った。その主唱者、ブラウンミュール（Braunmühl, Ekkehard von）は、「共依存」も念頭におき、「教育愛」は、「愛」

という名の暴力である、と論じた。簡単にいえば、彼は、人間は生来的に感情を制御しうる存在であると考え、親や教師の教育的働きかけは不要である、と考えた。子どもは、だれかから何が善であるかを教えられなくても、おのずから善を学ぶ、と。彼にとっては、教育は、子どもの「真の自己」の発現を妨げ、それを支えている「人格」を抑圧し、「自由」を軽侮させる暴力であり、「教育愛」は、その暴力を正当化するまやかしであった（Braunmühl 1975）。

ともあれ、近代教育思想から脱しつつあったデューイは、どうだろうか。デューイは、この「教育愛」にあたる言葉を用いていないが、「相互活動」（interaction）、「相関活動」（transaction）を敷衍する場面で、わずかながら「愛」を語っている。ここでは、デューイの「愛」概念を確かめることで、「共依存」など招き寄せない「愛」のかたちを示してみよう。

§ エロースとアガペー

まず、デューイの教育思想に「愛」を読み込む、近年の研究を紹介しよう。アメリカの教育学者、アレクザンダー（Alexander, Thomas M.）、ギャリソン（Garrison, Jim）である。彼らにとって、デューイに見いだされる「愛」は、「エロース」（éros）としてのそれである（Garrison 1997；Alexander 2013）。彼らは、デューイが重視する「探究」活動は、その対象を渇望する内発的な力に支えられているが、その力は、プラトンのいう「エロース」、すなわち「めざすべきもの（善のイデア）との合一をめざす力」と同型である、と主張する。それは、人間が神に近づこうとする力、生成消滅するものが不動の存在となろうとする力、別名、「ダイモーン」（daimo　媒介するもの）である。

彼らの試みは、重要なデューイ解釈の一つであり、一つの方向性をもっている。すなわち、キリスト教思想のアガペー概念からの離脱である。前述のように「エロース」は、古代ギリシアでふつうに使われた言葉であるが、プラトンは、その言葉に深い意味・価値を与えた。しかし、この言葉は、のちに——おそらくアウグスティヌスの影響だろう——「アガペー」という、もう一つの、ユダヤ・キリスト教的な「愛」を形容する言葉と、対比的に用いられるようになった。すなわち「エロース」は、「理性」「精神」の活動を妨げるもの、「肉体」に由来する「劣情」である、とされ、「理性」を導く「精神」の向かう、神への愛、人への愛としての「アガペー」ではない、と。ギャリソンらは、こうしたエロースにまさるアガペーという、キリスト教思想の考え方から離れようとしている。

しかし、ギャリソンらのいうエロース論は、デューイの教育思想の本態であるとはいえないだろう。デューイの教育関係論（教える - 学ぶの関係）に即して、確かめておこう。

§デューイの教育関係の核心

デューイにとって、いわゆる「教える - 学ぶの関係」は、「相関活動」（深いかかわりあい）によって自己変容を招来する営みである。すなわち、教える人が学ぶ人と「深くかかわる」なかで、学ぶ人がおのずと「変容」する関係である。「深くかかわる」とは、相手に巻き込まれることである。これは、自己を超えた、他者の受容、他者への働きかけ、といいかえられるだろう。「自己変容」とは、自分の「可能性」が具現されること、つまり「自己創出」である。これは、学ぶ人のなかの「可能性」が、教える人の働きかけによって具体的能力へと変わること、といいかえられるだろう。

なるほど、このような相関活動は、人が何かに「芸術的」に働きかけることで、それと深く結びつくことでもある。デューイは、一九三四年の『経験としての芸術』において、何かに対する「芸術的」働きかけは、それを「愛すること」である、と述べている。「制作する力が終極的な意味で芸術的であるためには、それが『愛すること』(loving) でなければならない。それは、その力が行使される素材 (subject) に対する……深い気遣い (care) でなければならない」と (Dewey, CW, lw. 10, AE : 54)。

しかし、このような相関活動は、先にふれた「エロース」をふくんでいる、といえるだろうか。なるほど、相関活動は、芸術家 (教師) が、素材 (子ども) に深くかかわることで、相手に内包されている「可能性」を触発し喚起することである、といえるだろう。しかし、その「可能性」は、「イデア」、すなわち「エロース」が向かうところではない。その「可能性」は、デューイにとって作品一つひとつ (子ども一人ひとりの)「固有性」(uniqueness) であり、プラトンにとって「イデア」は「普遍性」だからである。

§ 理念的可能性を生みだす愛

では、デューイにとって、この相関活動によって発現し具現する、一人ひとりに固有な「可能性」とは何か。それは、『デモクラシーと教育』の「教育における思考」を参照しつついえば、「思考 (thinking) の可能性」、すなわち「理知的な学びの方途」、「精神 (mind) を働かせ精神に報いる学びの方途」としての「思考」の「可能性」である。その「思考」のエレメントが「経験すること」(experience)、すなわち「問題」を見いだし「探究」することである。そのなかで「精神」に導かれながら「アイデア」(idea) が創出される。その総体が「思考」である。つまり「思考」は、だれかに教えられるものではなく、自己創出するものである (Dewey, CW, mw. 9, DE : 159-167)。

端的にいえば、「精神」に導かれた「思考」が最終的に向かうところは、デューイが「一体性」(unity)

と呼ぶ様態ないし境地である（Dewey, CW, lw. 1, EN : 313; lw. 10, AE : 271）。それは、自分と他者の、生きものの、自然の「一体性」である。自分と他者についていえば、それは、固有である「私」と、やはり固有である「あなた」という、けっして物理的・実際的に一体化しえない二人が、あたかも一体であるかのように連携すること、つながることである。自分と自然の「一体性」についていえば、それは、人が「自然のなかの相互活動の一部として存在する」ことである（Dewey, CW, lw. 1, EN : 324）。人がそれぞれに、自分と世界の固有なつながりとしての「一体性」に向かいうるという「理念」、それが、デューイが人に見いだす「思考」の「可能性」の行先である。

デューイにとって、この「一体性」への「可能性」を生みだす「愛」は、イヌやネコにも見いだされるいわゆる「愛着」（attachment）ではない。この「愛」は、一九二五年の『経験と自然』の言葉を引けば、人間にのみ見いだされる「無限の理念化（infinite idealization）を可能にする愛（endearments）」である。すなわち「神が愛（love）である」といわれるときの「愛」、いいかえれば、人に「啓光（illumination）と叡智（wisdom）」をもたらすアガペーとしての「愛」である。その完全態は、分立する人びとの「コミュニオン」（communion）である（Dewey, CW, lw. 1, EN : 157-8, 159; lw. 10, AE : 275, 296）。「コミュニオン」は神学用語で、神（イエス）と人という絶対的に隔絶された二者が通底する状態を指す。

この「コミュニオン」は、デューイにとっては、デモクラシーの本態でもある。一九二七年の『公衆とその問題』において、デューイは「デモクラシーとは、自由でありかつ充実したコミュニオンの生（life）に付けられた名前である」と述べている（Dewey, CW, lw. 2, PIP : 350）。人が生きることが、人と他者・生きもの・自然の「コミュニオン」となりうること、そしてこの「コミュニオン」の「可能性」のなかで、人が固有な一命として気遣い、気遣われ、見守り、見守られること——その「可能性」

が見失われている社会のなかで、デューイは、その「可能性」を「理念」として語った。

ようするに、この「コミュニオン」と「一体性」は、ほとんど区別できない。デューイは、明言していないが、私の考えるところでは、一人ひとりが固有に具現化する「思考」の「可能性」は、この「コミュニオン」＝「一体性」へというベクトルに彩られた活動である。そして、この活動を生みだす「愛」は、他者に、通念的可能性を超えた理念的可能性を生みだす「愛」である。

§メリオリズムをともなう「無限の理念化」

このようなデューイの議論の重要なポイントは、「無限の理念化」である。たしかにデューイの議論は、カントの「観念論」（Idealismus 理念論）を批判し、乗り越えようとする試みであるが、それは、「理念」を放棄することではない。デューイにとって、人は、「理念」をたえず構想する生きものである。この「理念」のうちでもっとも本質的なものが、先述の「一体性」である。すなわち、人と人、生きもの、自然が、分立しながらも、つながっていることである。

このような「無限の理念化」は、デューイにとっての「成長」（growth）の本態である。デューイが『デモクラシーと教育』で「成長としての教育」（「生としての教育」）を説いたことはよく知られているが、その「成長」すなわち「生」ないし「いのち」は、恣意的・無秩序なものではなく、善に向かうこと、いいかえれば、「無限の理念化」、すなわち限りなく隔てられたものとつながることに、方向づけられている（〈成長するものは善である〉という考え方は、さまざまな宗教で語られているだろう。キリスト教思想においては、トマス・アクィナスが詳論している（稲垣二〇一三：一八七参照））。

この「無限の理念化」はまた、「メリオリズム」（Meliorism）をふくんでいる。それは、たとえば、

「私」と「あなた」が、政治的・文化的・宗教的に敵対・矛盾しているにもかかわらず、たがいにつながっていると考えることである。この「にもかかわらず」という態度を、デューイは、ジェームス（James, William 1842-1910）の議論を踏まえつつ、「メリオリズム」と形容する。ジェームスの「メリオリズム」は「不断の努力で人間の生存条件をよりよく変えることができる」という信念であるが、デューイは、この信念の基礎に「にもかかわらず」という「敢然性」（daringness あえて試みること）を見いだす。その意味で、デューイのメリオリズムは、オプティミズムから区別される。

この敢然性は、デューイと同時代を生きた思想家、ティリッヒが一九五二年に著した『存在する勇気』（*The Courage to Be*）を思い出させる。同書でティリッヒは、証拠にもとづく確実性ばかりが求められ、「神への信仰」が困難になった現代社会においてこそ、「あえて（＝敢然と）」、より気高いものを求めて（＝「絶対的信」（absolute faith）をもちつつ）生きる勇気をもつべきだ、と説いた。この「あえて」は、デューイのメリオリズムに見いだされる敢然性と重なるだろう。ティリッヒは、プロテスタントの神学者でもあったが、いわゆる「神」を、彼のいう「絶対的信」の対象としなかった。彼にとって「絶対的信」は、いわゆる「神」を超える「神」、おそらくハイデガーの「存在」を念頭に置きつつ提唱した「存在それ自体」（being-itself/Sein-Selbst）としての「神」を「信じる」ことであった（Tillich MW/HW 5, CB：221-6［ティリッヒ 著作集九：一八六-二〇五］）。ティリッヒは「信とは、存在それ自体の力にとらわれている状態である」と述べている（Tillich MW/HW 5, CB：221［ティリッヒ 著作集九：一八六］）。

§ 愛の超越

ようするに、デューイのいう愛は、他者を無条件で受け容れるとともに、他者を固有なかたちで

「一体性」の可能性に誘う営みである。その営みのなかで、働きかける当人も、固有なかたちで「一体性」への思考の可能性に誘われるだろう。提案したいことは、この「一体性」が、本書でいう「感受性の広がり」に近い概念だろう、ということである。そうであるなら、愛を彩るものは、通念の意味・価値からの超越、といえるだろう。

冒頭の問いに答えておこう。「共依存」を批判し問題視する人びとは、しばしば「共依存」の原因を「愛」に求める。しかし、そのような考え方は、粗すぎるといわなければならない。「共依存」する人は、相手から依存されることに自分の存在価値を見い出し、相手を支配し自分の望む行動を取らせることで、自分を安心させている、といわれる。たとえば、親が子を過剰に「愛する」ことで、子の自律性を阻害し、疑似自発的な「引きこもり」状態をまねいている、と。そのような親の言動は、「愛」という名を隠れ蓑とした他者支配であり、子の言動は、「愛」という名で正当化された自己従属である。親の他者支配がなぜ生じるのか、あらためて考えなければならないが、さしあたり、これまでの議論から、こうした他者支配と自己従属のカップリングは「無限の理念化」を生みだす「愛」、人を固有な一体性に誘うそれとは、無関係である、といえる。

最後に、哲学において「愛」が超越として語られてきたことを、例示しよう。たとえば、ニーチェは、「愛（Liebe）から為されることは、つねに善悪の彼岸で起こる」と述べている（Nietzsche, KS 5, JGB : 99［ニーチェ 全集Ⅱ・2：一四二］）。すなわち、あまりに美しいものが分析できないように、無条件の愛は、あれこれと善し悪しを評価し分析する対象になりえない、と。またシェーラーは、「愛は、努力の法則とは対立する法則に従う」と述べている（Scheler, SGW 7, WFS : 145-6［シェーラー 著作集八：二四二］）。愛は、なるほど愛する相手に対する何らかの努力を生みだすが、その努力は、愛とは何の関係もない。努力は、自分が満足することで消えるが、愛は、自分を超えて他者に与ることである。シェーラーにとって、愛が従う法則は、神性である「ペルゾン」が定める法則である。

現代の哲学者の言葉も挙げよう。ハイデガーの存在論を継承するフランスの哲学者ナンシー（Nancy, Jean-Luc）は、一九九〇年の『有限な思考』において、「愛は、超越（transcendence）のはたらきである」と、端的に述べている。すなわち、愛は、「自己」を超えるどこからか自分にやってきて、自分の「存在そのもの」をある他者へと差しださせるはたらきである、と（Nancy 1990：247-8［ナンシー二〇一一：二九一‐三］）。いいかえれば、気がついたら、他者に献身し他者を享受する自分になることであり、それは、自分の意志・意図で作りだしたり止めてしまったりできるものではない、と。

§　超越が敢然性を可能にする

興味深いのは、そのナンシーが自分に到来した愛を持続させる「決意」を強調することである。彼は、愛（とくに恋愛）は、破綻する可能性にさらされながらも、敢然な決意とともになされる「約束」となる、という。ナンシーによると、愛の本質は「私はあなたを愛している」という言表にあるが、この約束が十全に「履行される」保証はない。愛の約束は愛の終りという可能性をつねにふくむ。しかし、「私はあなたを愛している」という言表は、「私はあなたを愛する」という約束でなければならない。つまり、この約束は、つねに破綻の可能性に曝されているからこそ、その破綻に抗い続けるという敢然な意志に彩られていく、という（Nancy 1990：253［ナンシー二〇一一：二九八］）。こうした愛への敢然性は、先にふれたデューイ、ティリッヒの敢然性と同じではないが、それに通じているだろう。

バウマンの、似たような考え方も紹介しておこう。バウマンは、二〇〇四年の『アイデンティティ』

で、「愛」の特徴を「超越」と「決意」に見いだしている。すなわち、「愛することは、異なる経験や記憶をもちつつ自分の道をあゆむ二つの人生を、結びつけ融合させると、決意すること」であり、「それが実現されるのは、『何が何でも』それを実現させようとする、かりに自分の自由が犠牲になってもそうしようとする、真誠な心構え（genuine readiness）をもつ場合である」と。そして、このような愛は、「［キリスト教のいう］創造の衝迫にほかならない」という意味で、また「何の保証もない」という意味で、「超越に似ている」と述べている（Bauman 2004：63［バウマン 二〇〇七：一〇二-一〇三］）。

さて、こうした超越としての「愛」は、それ自体がテロスであることを暗示している、とすれば、このことは、敢然性の存立条件がテロスに向かう超越であることを示していないだろうか。人を難局に立ち向かわせるのは、テロスとしての「愛」に向かう超越である、と。しかし、もしもそうであるとしても、よく考えなければならないことは、こうした「愛」がキリスト教思想を前提に語られていることである。敢然性を喚起する「愛」は、キリスト教思想がなくても、存立可能だろうか。ナンシーは、「愛はいつでも私たちに贈られている」といい、「私たちはいつでも、自分の存在のなかで……［他者への］愛へと向けられている」と述べている（Nancy 1990：260［ナンシー 二〇一一：三〇五］）。この「私たち」は、ヨーロッパの人（さらにキリスト者）に限定されるのだろうか。

第一〇章 何が「希望」と呼ばれるのか

Chapter 10: What Called Hope ?

§ ふりかえって

前章で私は、教育においては何が「愛」と呼ばれるのか、と問い、デューイに即しながら、それは、教える人と学ぶ人が「相互活動（相関活動）」するなかで、お互いが「自己変容」し、固有の「可能性」を具現化してゆくときの、その営みである、と答えた。確認しておくなら、その営みは、これまで論じてきた感受性の広がりを前提にし、固有な「可能性」は、固有な「一体性」という理念に向かうという方向性をもつ。いいかえれば、「相互活動」とは、相手を無条件に気遣うこと、相手の情況に期せずして深く巻き込まれることである。固有な「可能性」は、たんなる「学力」や「才能」ではなく、人と人、生きもの、自然という、本来、距てられているものたちが結びあう、つながりあうことでもあり、それは「相互活動」のなかにも見いだされることである。

また、私は、このような「一体性」への「可能性」を生みだす「愛」は、あえて試み続けるという敢然性のメリオリズムを要するだろう、と述べた。そしてそれは、ティリッヒ、ナンシーが「にもかかわらず」や「決意」といった言葉で語った、人への「愛」の存立要件に通じている、とも述べた。こうした、人が「困難」「不可能」と思えることに敢えて挑戦する力は、何に支えられているのだろうか。それは、おそらく、為すべきことをテロスに向かう〈よりよいこと〉と感じていることに起因することだろう。前章の末尾で、ナンシー、バウマンが「愛」を超越として語っていると述べたのも、そう位置づけることが「愛」をテロスと価値づけている証しである、と考えたからである。

さて、このように考えられるとすれば、私たちは、いわゆる「希望」について、通念とはちがうかたちで語ることができるだろう。ふつうに考えれば、「希望」は、「希望の光が見えてきた」といわれるときの「希望」だろう。すなわち、予測や見通しが立つなかで、「期待」とともに抱かれる展望である。しかし、敢然性という態度が示しているのは、予測も見通しも立たないなかで、「諦念」におちいることなく生じる「勇気」である。この「勇気」としての「希望」が、じつはすでに多くの私たちに贈られていることを、示してみたい。それも、キリスト教の「信仰」に寄りかからずに。

§　自己肯定・他者承認・通俗的価値

人の思考は、たびたび自家撞着、堂々めぐりに陥り、抜け出せなくなってしまう。たとえば、人は、「自信をなくす」と、「ひきこもり」、「ひきこもる」と、ますます「自信をなくし」、もっと「ひきこもる」という、堂々めぐりに陥ることがある。この悪循環から抜け出すために人が採るべき方法は、ささやかながら、何か仕事をして、人からちょっとでも誉められる、という経験をすることである。そして、もっと誉められるように、お手本にできる人を見つけ、その人の真似をすることである。つまり、他者からの承認（recognition）によって、自己肯定の方途を見いだすことである。

他者からの承認は、自己肯定の最大の契機である。そして多くの場合、他者からの承認は、当人のもつ能力による承認である。たとえば、入学試験に合格することは、「成績」が示す能力による、受験者の承認である。前記の「誉められる」も、多くの場合、「仕事ぶり」が示す能力による、被雇用者の承認だろう。親が子を「誉める」場合も、多くの場合、能力による承認ではないだろうか。

このような能力による承認が一般的であるとき、「自信」なるものも、この能力の――他者からの承認を介する――自己認識によるものである。自分は、社会的に「よい」と意味・価値づけられている通念に合致している、という自己認識が、人に「自信」なるものを与えている。自分の人生が「いい学校、いい大学、いい会社」「正社員として働き、経済的に自立し、友人と余暇を楽しみ、……」という通俗的価値に合致しているという認識が、自分に「自信」なるものを与えている、と。

そして、人は、こうした通俗的価値からずれている自分を認識することで、たちどころに「自信」を失ってしまう。この「自信」の喪失は、往々にして、他者に対する「引け目」「負い目」を生みだす。すなわち「社会から軽んじられている」「自分の居場所がみつからない」「毎日が生きづらい」といった、負の感情を生みだす。さらに、この種の負の感情の原因を自分に見いだし、「自分がダメだから」「努力が足らないから」といった、自責（自己否定）の感情を生みだす。この自責の感情はとても強大で、ときに人を死に追いやる。ちなみに、日本の自殺率（一〇万人あたりの自殺者数）は、二〇一五年の警察庁の「自殺統計」によれば、18・9人で、OECD平均の12・4人をはるかに上まわっている（統計は約2万4000人であるが、実際はもっと多いのではないだろうか）。

ともあれ、こうした負の感情、自責の感情にさいなまれる人は、往々にして、「あるべき自分」を、通俗的価値観（能力すなわち価値という考え方）で染めていることに気づいていない。この、能力すなわち価値という考え方は、比較による評価をともなう。たとえば、「年収は？」「資格は？」「大学は？」「国籍は？」「既往歴は？」といった問いは、比較による評価である。この種の評価のメタ機能は、人の序列化であり、そうすることで、人を他人化することである。

§ 人の存在

こうした人の能力＝人の価値という通俗的価値観を超える考え方がある。それは、人を「存在（現前）」（presence）として感受することである。この存在は、あくまでも存在論の概念である。すなわち、以前に述べたように、「あの人は〇〇である」というような、認識される「いる」をもとにしつつも、それから区別される、「あの人が側にいる」というような、感受される「いる」である。いいかえれば、私たち一人ひとりの感受性の広がりのなかの、他者の「いる」である。念のためにいいそえれば、この「いる」は、つねに「いなくなる」をふくんでいる。

人の存在は、いくつかの様相をもつ。もっとも非現実的と思われるだろうそれは、自分となんの関係もない、しかも大昔に死んだ人が、まるで自分のまわりに「いる」かのように感じられることである。これはむろん超自然的現象ではない。何らかの環境が整うとき、人が、実在論的に「非在」であるだれかをあたかもそこに「いる」かのように感じてしまうことである。他者の存在という存在論的事実は、存在するものが実在しないという実在論的事実と、混同されてはならない。

たとえば、アレクザンダー（Alexander, Thomas M.）は、次のような事例を紹介している。一九九四年一二月、南フランスのアルデシュ地方のある洞窟のなかで、ある女性（Brunel-Deschamp, Eliette）が、およそ三万年前に描かれただろう壁画を発見した。サイ、マンモス、バイソン、ウマなどの、のちに「ショーヴェ洞窟壁画」（Grotte Chauvet）と呼ばれ、世界遺産となる壁画である。その女性は、仲間の女性たちとともに、小さなランプの灯りに浮かびあがるその壁画を見ているとき、「突然、奇妙な感覚にとらわれた。すべてがあまりにも美しくなり、生気があふれてきた。時間の隔たりは消え去った。……私たちだけがいるのではないという感覚に襲われた。描き手の魂と描かれた動物の霊が、私たちを取り囲んでいた。私たちは、彼らの存在（presence）を感じたと思った。私たちは彼らの平穏を邪魔した、と」。アレクザンダーは「彼女たちは氷河期の狩猟者たちとのつながりを感じた。それはコミュニオンといってもよい」と述べている（Alexander 2013 : ix-x　傍点は引用者）。

§ 親密性のなかの人の存在

より現実的で日常的である人の存在は、自分と心情的に深いかかわりのある、しかも実在する人が、実際に自分のまえに現れるときのそれである。すなわち、私たちが「あ、あの人が来た！」「やっと会えた……」と想うときの、大きな歓喜をともなう、他者の存在である。このような他者の存在を可能にしているものは、他者の実在論的な実在そのものというよりも、「私」と「あなた」が共有する「親密性」（intimacy）——たとえば、情愛の、友愛の、恋愛のそれ——である。

それは、たとえば、夜間保育所にあずけられる幼い子どもが、夜中の2時近くになると、かならず目を覚まし、仕事を終えて自分を迎えに来る母親をじっと待っているとき、その子どもが、走ってくる母親の姿を見て感じる、その存在である。たとえば、生まれてくることを一〇カ月にわたり待ちわびていた父親が、やっと生まれてきたわが子を抱きあげるときに感じる、その存在である。たとえば、第二次大戦が終わり、戦役を終え、外地から引き上げてくる夫を待ち続けていた妻が、五年ぶりに自宅の玄関先に姿を現した夫の姿を見て感じる、その存在である。こうした人の存在は、知覚も表象もできない力、感受する者を支え援けるかけがえのない心情的契機である。

こうした親密性のなかの人の存在は、あれこれと忙しい私たちの日常においては、なかなか実感されないが、その人の不在や喪失（いなくなること）によって、私たちの想像力（構想力）が強く掻き立てられ、如実なものとなる。その人の存在は、見えなくなってよりいっそう、失われてよりいっそう、深く想われ、実感される。デリダにならい、さらに踏み込んでいえば、かけがえのない人の存在は、その人の実際の生死とは無関係である。その存在は、その人の死によっても消え去らない。

§　高まった交感としての共鳴共振

こうした他者の存在を根底で支えているものは、私たちの感受性のはたらきとしての交感である。この交感は、人と人が、何らかの親密性を共有しているとき、比較的高まるといえるだろう。この高まった交感を「共鳴共振」（sympathetic resonance）と呼ぼう。確認しておきたいことは、この共鳴共振が、親密性が共有されていない人と人のあいだでも生じる、ということである。すなわち、このとき、共鳴共振を生みだしているのは、先にふれたリンギスが「信頼」と呼ぶものである。

リンギスは、二〇〇四年に『信頼』（*Trust*）で、「信用」と「信頼」を区別している。「知識は、信用

（belief）を生みだす。信用は、はっきり見えるもののなかに、ないし証明や証拠である明白で一貫した事象のなかにある。しかし、信頼（trust）は、信用と同じくらい強力だが、知識が生みだすものではない。信頼は、部分的、不鮮明にしか見えない何か、ないし漠然とした曖昧な何かに固着することである」と（Lingis 2004：64［リンギス 二〇〇六：九三］）。つまり、「信頼」は、あの人の「言動の理由や動機がはっきりわからないのに［その人との］きずなを感じる」こと、「あなたとつながっている」と感じることである。リンギスは、そこには「恍惚に近い歓喜が生じ」、この歓喜によって人は強靭になるという。「信頼は危険をあざ笑う」と（Lingis 2004：ix, xii［リンギス 二〇〇六：一二、一五］）。

　この「信頼」は、希有な現象に見えるが、そうでもない。なるほど、人は、疑心をもち、他人は自分をだまそうとしているのではないかと疑うが、同時に、ある人に、確実性・蓋然性を棚上げして与えることもある。それは、幼い子どものもつ無邪気さではない。人は、そうした無邪気さをもたなくても、他者を「信頼」する。リンギスは明言していないが、ある人への「信頼」が生じる主要な契機は、その人が自分の〈よりよく生きようとする〉想いを喚起する生きざま（人生のかたち）を示すことだろう。そして、今から二〇〇〇年以上も前に生まれ、無条件の「愛」（アガペー）を人びとに贈った人ほど、多くの人びとから「信頼」されてきた人はいないだろう。その「信頼」は「信」と形容され、そこに現前する人は「主」（kyrios / Lord）と呼ばれた（たとえば、Iコリント 一二・三）。

　ちなみに、ドイツの社会学者のルーマン（Luhmann, Niklas 1927-98）は、人が抱く「信頼」を、「システム信頼」と「人格信頼」に分けている（Luhmann 2000［1973］［ルーマン 一九九〇］）。「システム信頼」は、人（たとえば、医師、教師）が所属するシステム（たとえば、医療システム、教育システム）への「信頼」であり、リンギスのいう「信用」に近い。「人格信頼」は、人が他の人と言葉や目線などを交わしあうとき、相手をコミュニケーションできる人、つまり「人格」（Person）と見なすことである。つまり、人に、コミュニケーションの可能性（いわば「ふつうの人である可能性」）を見いだすことであり、リンギスのいう「信頼」に似ているようにみえるが、区別される。この「人格」は、凶悪粗暴な異常者や理解不能なエイリアンでなければ、基本的にだれでもよいからである。

§「希望の力」としての存在の力

さて、他者の存在に戻っていえば、交感が可能にするこの存在は、「価値」と形容できない。それはまた「意味」ですらない。「意味」は「これこれである」と述定できるが、人の存在は述定できないからである。また「価値」は、「価格」（value）という言葉に象徴されるように、「価値づけられる（値がつけられるもの）もの」「比較され評価されうるもの」であるが、人の存在は、自・他の感受性の広がりと一体の、代替不可能なこと、かけがえのないこと、だからである。

他者の存在はまた、ふだん私たちが意識していない倫理的な力を秘めている。その一つは、以前に述べた「弱さの力」、すなわちだれかからの聞こえない呼び声に、人が無条件に応答することである。もう一つの力は、勇気、すなわちある人の存在それ自体によって、他の人に〈よりよく生きようとする〉力が喚起されることである。すなわち、「私」にとっての大切な人の存在が、「私」を〈よりよく生きようとする〉契機となる、ということである。マルセル（Marcel, Gabriel 1889-1973）は、これを「存在の秘義（Le mystère de être）」と呼んだ（Marcel 1949［マルセル 一九七七］）。

このような、他者の存在のもつ第二の倫理的な力、すなわち勇気が「希望の力」である。大切な人を想いつつ、〈よりよく生きようとする〉人に、情況の厳しさなど、眼中にない。大切な人の存在は、危険を看過させる。たとえば、夜間保育所で母親を待ち、その母親にかならず抱きしめられた子にとって、その母親の存在は、彼が「自己」の意図・意思を超えて〈よりよく生きようとする〉力の源泉となるだろう。ここでいう〈よりよく生きようとする〉は、いわゆる「人生の目的」をもつこと、計画し実行するための目的をもつことではなく、人生をまるごと不断の「時熟」と感じること、いつ・いかなるときも、為すべきことを為しうる「今・ここ」（hic et nunc［ここで今］）と感じることである。私たちは、為すべきことを知らないのではなく、それを呼びかけられている。

　ようするに、他者の存在の倫理的な力は、「弱さの力」であると同時に、この「希望の力」でもある。むろん、どちらの力も、頽落したり矮小化されたりするだろう。すなわち、「弱さの力」は、たんなる依存、甘え、エゴイズムを招き寄せることもあるだろう。同じことは、「希望の力」についてもいえるだろう。それは、「一人だけの世界への惑溺」を招き寄せることもあるだろう。しかし、そうした危険性があるからといって、それは、「弱さの力」「希望の力」を否定する理由にはならない。これらの力は、私たちの多くに贈られている、おそらくもっとも気高い贈りものだろうからである。

　「弱さの力」の「弱さ」が、能力の乏しさではないように、「希望の力」のいう「希望」は、「自己」の願望ではない。善意からであれ、矜持からであれ、「私」の抱く願望は、つまるところ欲望であり、自分の言動が自分の意図どおりの成果をあげることを前提にする。しかし、人の言動は、世界の成り立ちすべてを把握したうえで構成されたものではないから、意図どおりの成果をあげない。他者を傷つけ、怒らせることもある。そして、人はくじけ、落ち込む。この場合、願望は、容易に絶望に変わるだろう。しかし、希望は、願望とちがい、絶望に変わらない。希望は絶望を知らない。

§ 再度、ティリッヒにふれつつ

希望についても、愛についても、見方を変えてみよう。人は、予測にもとづく実現可能性（いわゆる「希望」）がないなかでも希望を抱く力をすでに贈られている、といえないだろうか。人は、その一生涯だけでは、為すべきことを為しえないからこそ、希望を抱く力を贈られているのではないだろうか。同じように、人は、形容しがたい「不安」に囚われ、重苦しい「呵責」を感じながらでも、無条件に愛する力をすでに贈られている、といえないだろうか。人は、その能力だけでは、為すべきことが為しえないからこそ、人を愛する弱さの力が贈られているのではないだろうか。

ティリッヒが、私たちの内ではたらいているという、「存在（それ自体）の力」（power of being [-itself]）は、ここでいう現前／存在の力とほぼ重なるだろう。ティリッヒは、『存在する勇気』でも、『愛、力、正義』でも、「存在（それ自体）の力」という言葉を用いている（Tillich MW/HW 5, CB : 213, 221［ティリッヒ 著作集九：一六八、一八六 - 七］；MW/HW 3, LPJ : 601, 606［ティリッヒ 著作集九：二四五、二五七］）。それは、人をアガペーという無条件の愛に誘う、その愛を全うするという正義に向かう力である。分裂・紛争・戦争を克服し、結合・和解・平和を志向する力である。「アガペーは、すべての人において［人・神を］愛する［という営みである］し、すべての人を通じて［神が］愛することそれ自体である」（Tillich MW/HW 3, LPJ : 637［ティリッヒ 著作集九：三二九］）。ティリッヒは、人は「存在」であるかぎり、はじめからこのアガペーに向かう力を潜在させ、その力に呼びかけられている、と考える。ティリッヒにとって、「存在（それ自体）の力」は、「存在それ自体としての神」の人への贈りものである。

人が苦難を乗り越える力を何らかのかたちですでに贈られているという考え方は、ティリッヒのみに見いだされるのではなく、パウロ以来のキリスト教思想にしばしば見いだされる。たとえば、アウグスティヌスの「あなた自身の内に帰れ。真理は内在する人（interiore homine）に住んでいる」（Augustinus, AO, VR：§ 39. 72［アウグスティヌス 著作集二：第三九節（七二）］）は、この考え方を象徴する言葉である。この「内在する人」は、実体ではなく、「神の前に立つ人」、すなわち自分をはるかに超えて自分を支え導く者に対し向かう人、もっとも大切な人が現前している人である。

§ 最強度の共鳴共振としての愛

このようなキリスト教的な考え方を受け容れるかどうかは、人の自由であるが、〈よりよく作る〉力を喚起し、意味・価値を創りだす「ニーズ」と同時に、〈よりよく生きようとする〉力を喚起し、超越性を黙示する「呼び声」も、重要である。つけくわえれば、後者の「呼び声」すなわち「良心の呼び声」は、ハイデガーのいう、人びとが「ともにすでに聴従している」（Zusammengehören）声である（Heidegger, GA Bd. 11, ID：37-8）。パウロがいう「ロゴス」（logos 原義の第一義は「話し言葉」）は、この「呼び声」の原型である。この「ロゴス」は、いわゆる「理性・論理」ではない。それは、人の心を振るわせ、心に響きわたる声である。私は、この「ロゴス」のはたらき、すなわち人を共鳴共振させることが、感受性の広がりをもっともよく暗示しているのではないか、と考えている。

そして、その「呼び声」を聴くという体験は、ときに人に「愛」を決意をさせる、といえるだろう。というのも、その「呼び声」が、息吹のように消え去り、後に残せるものは「約束」だけだろうから。人は、「呼び声」への聴従、すなわち最強度の共鳴共振とともに、「あなた」の傍らにいること、「あなた」を無条件に支え援けることを決意する、といえるのではないか。もしも、このように「愛」を共鳴共振の最強度の様態ととらえられるなら、「愛」を語るときに、キリスト教思想を前提にしなくてもよくなるだろう。こうした解釈の可能性については、「結論」で考えてみたい。

教育に引きつけてもう一つ述べておくなら、この他者との共鳴共振とともに、人は、おのずから生き生きと活動するだろう。それは、「自己活動化」（self-actualization）と形容できるだろう。これまでself-actualizationといえば、「自己実現」と訳されてきたが、他者との共鳴共振においては、「自己」は、「実現」されるべき自分らしさではない。selfは、「おのずから」（auto）であり、actualizeも、なにか企図されたものの「実現」ではなく、「活動化」（vitalize）である。

第一一章 何が「いのち」と呼ばれるのか

Chapter 11 : What Called Life ?

§ ふりかえって

前章で、親子や友人に見いだされる親密性の交感であれ、自分と同じベクトルをもつ人との共鳴共振の交感であれ、交感が可能にする、人の存在について、述べた。それは、実在しても、しなくても、心で感じるものであった。それはまた、「これこれである」といえないという意味で、意味ではなく、「比較され評価されうるもの」でもない、かけがえのないものという意味で、価値でもない、と述べた。つまり、他者の存在は、いわゆる意味・価値を超えている、と。

そして私は、こうした人の存在論的な存在が、以前に述べた「弱さの力」、すなわち、だれかの、声にならない呼び声に無条件に応えることを可能にすると同時に、「希望の力」、すなわち〈よりよく生きようとする〉力を喚起する、と述べた。すなわち、「私」にとても大切な人が「いる」ということが、「私」を、「強さの力」を超えて、倫理的（エシカル）にすると同時に、通念の意味・価値を超えて、肯定的（ポジティブ）にする、と。ようするに、大切な人がいるということは、財貨・権力、予測・証拠にすがりつく通俗的な生き方を超越する力を生成しうる、と。

思うに、教育という営みは、本来、次の世代がこうした「弱さの力」「希望の力」を保持し発揮することを祈りつつ、行われるのではないだろうか。すくなくとも、教育という営みは、次世代にただ「時代状況に適応できる、自己調整の能力をもて」と命じる営みではないはずである。たんなる自己調整の能力では、弱さと希望とともに〈よりよく生きようとする〉ことはできないだろう。

§　何が「いのち」と呼ばれるのか

確認しておくなら、デューイにとって、「生きる」（live）ことは、「メリオリズム」（meliorism）、すなわち希望をもって〈よりよく生きようとする〉ことに他ならなかった。彼が『デモクラシーと教育』で、「教育とは成長である」と明言したとき、その「成長」（growth）は、通俗的な意味で〈大人になる〉ことではなく、希望とともに〈よりよく生きようとする〉ことであった。デューイのいう「生」（life）も、つねにというわけではないが、しばしば同じことを意味していた。

ただ、これまでのところ、このlifeが、しばしば「生活」と訳されてきたため、その意味が読みとりにくかった。「生活」は、どうしても「生活がかかっている」とか、「生活のために稼ぐ」といった用法に示されているように、お金のからんだ日々の暮らしを指し示してしまう。フランス語の

vivre / vie、ドイツ語の leben / Leben も同じで、これらの言葉は、ヨーロッパの教育思想においてよく使われるが、「生」と訳すか、「生活」と訳すかで、意味が違ってくる。

こうした life / vie / Leben に「よりよく」という倫理的な意味がともなうのは、おそらくこれらの言葉が「いのち」も意味しているからだろう。この「いのち」は、生物学的な意味の「生命」でも、医学的な意味の「生存」でもない。たとえば、体温・血圧・呼吸・心拍などの「バイタル」(vital signs 生命の兆候)に数値として示される「生命」ではない。「いのち」は、人を根本的に支えるものを意味している。これは、「〇〇命」という落書きの「命」の意味と、ほぼ同じかもしれない。

ボルノウもまた、この生物学的な意味ではない「いのち」を、端的に Leben という言葉で、語っている。ボルノウは、『畏敬』という本のなかで、人が人に引き寄せられ、その人を「畏敬」する心情を、教育の基礎におくとともに、そうした「畏敬の念を生みだすものを『いのち』(Leben)として特徴づけ」ている。この「いのちは、生物学的な意味として理解されるべきものではなく、神的なものである。すなわち、すべてにおいてはたらき、私たちを支え、私たちがまさに存在しているあらゆる瞬間においてつながっているものである」と(Bollnow, BS 2, E : 44 [ボルノー 二〇一一 : 七三 - 四])。

§ キリスト教思想の「いのち」

一九世紀末から二〇世紀前半にかけて、アメリカ、ヨーロッパ、そして日本で関心を集めた「新教育」(New Education / Éducation Nouvelle)は、この「いのち」を重視する思想運動であったが、日本では、「生命」と表現され、歴史家も「大正生命主義」と形容する(橋本/田中 二〇一五)。ヨーロッパで有名なのは、ドクロリー(Decroly, Jean Ovide 1871-1932)の標語 pour la vie , par la vie だろう。これは、一九〇七年にドクロリーがブリュッセル郊外のイグゼルに設立した学校の名前 École pour la vie, par la vie に由来している。これは「いのちのための、いのちによる」とは訳されず、「生活のための、生活による」と訳されている。むろん、そうしたニュアンスもあるから、間違いではないが、そうした意味は部分的だから、あいだをとって、「生のための、生による」としておこう。

ともあれ、このような「いのち」の意味は、さかのぼれば、およそ二〇〇〇年くらい前に、パウロが「ローマの信徒への手紙」に書いた言葉 zoe（ゾーエー）に由来する。そこでパウロは、「キリストがあなたのなかにいるなら、あなたの身が罪によって死となっていても、あなたのプネウマ（pneuma / Spirit 霊性）は、［キリストの］義によっていのち（zoe / life）となっている」と述べている（ローマ 八・一〇［英語は欽定版から］）。「プネウマ（霊性）」と言われるとたじろぐ人もいるだろうが、さしあたり「心情」と考えればよい。「義」も「無条件の愛」と考え、「罪」も「自己中心性」（エゴイズム）と考えればよい。つまり、この文章は、〈イエスの説いた無条件の愛を信じるなら、あなたがどんなに自己中心的であっても、あなたの心情は、無条件の愛に向かうことで、あなたを根本的に支えるもの、すなわちいのちとなる〉、と翻案することができる。同じような意味あいの「いのち」は、新約聖書のヨハネの「福音書」のなかにも見いだされる。「永遠のいのち（zoe / life）とは、唯一の真実の神であるあなた、そしてイエス・キリストを知ることである」と（ヨハネ 一七・三）。

アウグスティヌスにとっても、「いのち」（vita）は、神的なものであり、もっとも大切なものである。アウグスティヌスは、「パウロの手紙説教 一六一」において、「あなたの魂そのものを生かしている、別のいのちはないだろうか」と問う。たしかに「魂は何らかのいのちである。魂によってあなたの肉は生きることができる」。では、何によって魂は生きることができるのか。それは「神」によってである、という。「体のいのちは魂である。魂のいのちは、神である」と（（Vita corporis anima est, vita animae Deus est）と（Augustinus, AO, S 2, 161：§6.6［アウグスティヌス 二〇〇九 一六：二〇四］））。

ようするに、パウロ、ヨハネ、アウグスティヌスにとっては、「いのち」とは神的なもの、無条件の愛に向かう心である、といえるだろう。そして、その「いのち」は、たとえば、カントの『純粋理性批判』（一七八七年 第二版）にも見いだせる。カントはそこで、「すべてのいのち（Leben）は、本来的にただ想われうる（intelligible）ものであり、時間の変化にまったく左右されず、誕生とともに始まるものでもなければ、死とともに終わるものでもない。このいのちは、たんなる現象［＝現れ］、すなわち純粋な霊的ないのち（geistigen Leben）の意味的表象である」と述べている。人が「いのち」と呼ぶものは、神的なそれの表象である、と（Kant, W 2, KrV：B808［カント 二〇一四下：四三四］）。

§「いのち」が「生命」に隠される

大雑把にいえば、このようなキリスト教的な「いのち」の概念は、ヨーロッパにおいて、とくにプラトン、アリストテレスの哲学の導入とともに、力強く生きる「生命」の概念の影に隠されるようになった。「生命力あふれる」といわれるような「強さの力」は、まさに知覚可能で表象可能であった。この「生命」は、生誕ののちしだいに力を増していき、活発になるが、やがて老化とともに力を減らし、終には、消失する。人であれ、人以外の動物であれ、それは、同じである。人とはそうした「生命」である、と規定されてしまうと、「いのち」は、思考の外に追いやられてしまう。

近代以降、主権国家の成立とともに、その傾向はいっそう強まっていった。たとえば、フーコー（Foucault, Michel）が批判した「生 - 権力」（bio-pouvoir）の「生」（bio）は、「いのち」ではなく、それを覆い隠す「生命」である。フーコーは、近現代の主権国家は、国民を「国力」の根幹と見なし、「公教育」（public education）、「公衆衛生」（public health）などをつうじて、その量的・質的な増強を図ってきたが、それは、人の存在を国家のための道具・手段にするだけでなく、「いのち」を「生命」に還元することで、「いのち」としての人の「存在」を忘却させることである、と考えた。

そして、身体的であれ、精神的であれ、「障害者」の、そしてユダヤ人の抹殺を図ったナチス・ドイツの優生政策は、ナチズムだけに見られる邪悪さではなく、この「いのち」を覆い隠す「生命」主義に由来する。その核にある優生思想は、「生命」とは本来、生誕とともに力を増していき、活発・有能になるもので、そうでないものは「生命」ではない、したがって……、と考えるからである。この優生思想は、過去の他人事ではない。この思想は、二〇一六年の日本で、ある施設職員が、入所している障害者四六人を殺傷するという、前代未聞の事件を生みだした（いわゆる「相模原事件」）。問われるべきは、優生思想を生みだす言説である。それは、ときに優生思想を批判する高学歴者ですら、無頓着に荷担しているようにみえる、「生命」主義であり、「いのち」の忘却である。

「優生思想」のみを悪者に仕立て上げ、批判すれば、それでよい、というものではない。社会が人に求める能力の基準がどんどんあがっているから、人は、次は自分が「使い捨てられる」のではないか、と戦々恐々としている、という議論がある。そんな「自己」中心の議論をするよりも、なぜ弱い立場の人が実質的に排除され、強い立場の人がますます利益を得るのか、なぜ、弱い立場の人と強い立場の人は、連帯できないのか、能力の優劣とは無関係に支えあえないのか、その理由を考えるべきだろう。弱い者の排除か、みんなの協働か、また有能の独善か、全員の連帯か——こういった二者択一を人に迫ることは、二項対立というありもしない極論に人を迷い込ませる蒙昧だろう。

§「強さの力」が隠すもの、それが「いのち」

それにしても、キリスト教は、なぜ、このような「いのち」を覆い隠す「生命」、「いのち」の忘却を抑制できなかったのか。キリスト教こそが、人のもつ「弱さの力」、すなわち他者を気遣い見守る力、他者の呼び声に応える力を語ってきたのではないか――こうした疑問が生じるだろう。

たしかに、キリスト教思想は、人の「弱さの力」を語ってきたが、もっとも大きな声で語ってきたのは、「神」の「強さの力」である。カトリック、すなわちすべての人が信じるべき「神」は、強くなければならなかったのだろう。「強さの力」としての神を象徴する言葉が、ヘレニズム化した中世スコラ学、いわゆる「形而上学」が用いた「全知全能」（Omni Potens / Omnipotence）である。

しかし、ビースタが援用するカプート（Caputo, John）、またケラー（Keller, Catherine）に代表される近年の聖書研究が詳細に論じているように、本来のキリスト教の「神」は弱い。全知全能の力など、その「神」はもっていない。キリスト教の「神」は、「唯一神」と言われてきたが、少なくとも二人いる。ヤハウエ（Yahweh）とエロヒム（Elohim）である。神学が「天地を創造した」と位置づける神は、エロヒムであるが、カプートによれば、エロヒムはすべてを創造していない。「その始まりにおいて、何か［荒々しい地、いのちなき水、吹きすさぶ風］がすでにあった」（Caputo 2006：57）。

では、この「神」は何をしたのか。カプートの『神の弱さ』に即していえば、およそ次のようにまとめられるだろう。この「神」がしたことは、第一に、すでに存在している世界に「いのち（life）をもたらす」ことである。つまり、この「神」は、「無から存在を創造した」のではなく、「すでにある存在にいのちをもたらした」。そして、この「いのち」を、この「神」は「善」（good［ヘブライ語

は ṭō·wḇ］）と呼んだ（Caputo 2006：58；Biesta 2013：13-4）。この「神」が第二にしたことは、「いのち」が実際に「善」となることを見守ることである。この「神」は、人の願いを具現化するのではなく、自分に還元不能である他性としての人が、自分を「高め、富ませ、養い、整え、じっくり育て、神的な生き方に向かわせる」ことを希み、「その還元不能さや反抗逸脱とともに生きることを学ぼうとし、最善になることを希む」（Caputo 2006：72; Biesta 2013：16）。そうしたスタンスは、いいかえれば、「神」が、親が子を見守るように、人のいのちとしての成長を、リスクを覚悟しつつ祈ることである。

この「神」は、罰則で脅かすことも、報奨で煽ることもせず、人の苦しみ・痛みにただ寄りそう。その寄りそいによって、人は、人に贈られている「義」すなわち「隣人への愛」（アガペーの愛）へ誘われる。とくに飢えた人、病んだ人、傷んだ人などを通じて、この「神」の寄り添いが「声」として感じられる。人は――マタイの福音書（マタイ 25. 45）のイエスの言葉を引くなら――「もっとも力の小さい人」（elachiston）から、無条件の愛を呼びかけられる。その声に聴き従い、しばしば自分の無力さに苦しみ憤ることが、その「神」の「弱さの力」にふれることである。この「弱さの力」に与り生きる人は、しばしば「強さの力」に蹂躙され、それから逃れられない。いわゆる「神頼み」「祈願立願」などは、「弱さの力」の神には通じないから。カプートは、「神は、あらかじめ災厄を防がない。災厄が生じたあとでも、それを取り除くことができない」と述べている（Caputo 2006：181）。いいかえれば、「弱さの力」の「神」は、無条件の愛に向かう人の強靭さをまさに信じている。その愛を為すのは、あくまで人である。この「神」は、人が人に無条件の愛を為すようにと、人にただ呼びかける。おそらく、この弱さの「神」の呼びかけが、「良心の呼び声」と呼ばれてきた声であろう。

キリスト教の「神」は、「いのち」という「善」の芽をもたらしたが、その成長を見守ることしかできない「弱さの力」であったのに、いつのまにか、「無から存在を創造し」、世界の出来事すべてを管理操作する「全知全能」の神に祭りあげられた。むろん、祭りあげたのは人間である。そののち、人間は、この「神」を「私秘の領域」「宗教システム」に押し込めた。それと同時に、自分が「全知全能」になろうとしはじめた。それが「強さの力」を追い求める近現代の人間である。ちなみに、この傲岸な人間は、近々「砂に描かれた絵のように消え去るだろう」と、一九六八年に予言したのが、前述のフーコーであるが、まだその日は来ていないし、たぶん来ないだろう。

§「強さの力」に魅入られるとき

確認したいことは、「強さの力」に魅入られると、人は「人間中心主義」(homo-centrism)に陥り、「自己の支配」「自然の制御」といった「テクノクラシー」の考え方をためらいもなく信じてしまう、ということである。カプートは、「まさに『無からの創造』や神の『全知全能』といった概念は……幻想の痕跡を深く刻まれている。そうした幻想においては、現実が課す制約がすべて排除されている」と述べている(Caputo 2006 : 79-80)。たとえば、澤野雅樹の『絶滅の地球誌』(二〇一六)によれば、現代の地球においては、種の「絶滅率」がかつての「七〇〇年に一種」から「一年に一万一二五〇種」に跳ねあがっている、という。つまり、絶滅率が「四万五〇〇〇倍」に脹れあがっている、と(澤野二〇一六:三〇)。その激変と人間の自然破壊・環境汚染は、無縁ではない。

人びとを長きにわたり方向づけてきた「強さの力」によって死に追いやられるのは、人以外の多くの生物だけでなく、日常生活をおくる人自身でもある。それを象徴する事象は、たとえば、「過労による自殺」である。「過労死」は、昔からあったが、「過労による自殺」は、比較的新しい「死因」だろう。いいかえれば、「強さの力」は、人がただ淡々と生きることを許さない。それは「人以外の何ものでもない人」「ままならない人生を何とかやり過ごす人」を「労働力」「稼ぐ力」に駆り立てる。思いどおりではないが充溢した人生を、「つまらない人生」「取るに足らない人生」に矮小化する。このごろよく聞かれる「障害者もこんな能力を発揮できる」という表現は、一見すると、障害者を支援する言葉に思えるが、「強さの力」に魅入られた言葉である。この表現は、「どんな能力も発揮できない障害者」をますます貶めるからである。私たちは、「能力開発」や「自己実現」を語り行うことだけでなく、根本的に私たちが自明視している力の言説を相対化する思考を切り開くべきである。

たとえば、そうした通俗的な力の言説を相対化する思考は、知的障害者施設「近江学園」の創設者、糸賀一雄（1914-68）の思想に見いだせる。糸賀は、最晩年の著書『福祉の思想』において、自分が、重い障害のある子どもを「ひとりひとりかけがえのない生命をもっている存在」であることを学び、「人間」という抽象概念ではなく「『この子』という生きた生命、個性のあるこの子の生きる姿のなかに共感や共鳴を感じるようにな」った、と述べている。彼（女）らが「ただ無為に生きているのではなく、生き抜こうとする必死の意欲をもち、自分なりの精一ぱいの努力を注いで生活しているという事実」を知ったからだ、と（糸賀 一九六八：一七五）。その「必死の意欲」「精一ぱいの努力」は、「強さの力」の言説によって把握できる営みではない。それは、その子たちと交感しえた糸賀の「弱さの力」のみが象りうる営みであろう。そしてその象りは、私がここで述べる存在論的思考に近いだろう。ちなみに、糸賀は、イエスのいう「無条件の愛」に「人間の実存をその根底から支え、その生命の無限の尊厳を主張する思想」を見いだし、「このような人間観は、いつ、どこにでもころがっているものではない」が「いつ、どこでも通用するもの」である、と述べている（糸賀 一九六八：五六）。

§「弱さの力」は自己創出につながる

教育に立ち返っていえば、人を創造的（creative）にするのは、「強さの力」だろうか、それとも「弱さの力」だろうか。一見すると、「強さの力」と思えるだろう。「問題」を解決し、「成果」を挙げるのは、「強さの力」だからである。しかし、第二章で述べた「問い」については、そして第六章で述べた「想像」については、どうだろうか。目的達成に向かって進む「強さの力」は、答えのない「問い」を立てて、思考し続けるだろうか。物事を操作し管理するために確実性を求め続ける「強さの力」は、聞こえない声に聴き従い、語りえない想いを語り伝えようとして「想像」するだろうか。

第一章で述べたように、人が生きることは、たえず自己創出することである。自分の考え方・生き方をたえずふりかえり、たえず創りかえることである。立てられた目的は、たえず問いただされる。こんな考え方・生き方でいいのか、と。〈よりよく生きようとする〉力は、思考＝思想をたえず求める。そのような不断の自己創出こそが創造的であるとすれば、なによりもまず必要な力は、「弱さの力」――他者を気遣い見守る力、他者の呼び声に応える力――ではないだろうか。なぜなら、思考＝思想とは、その語源が示すように、自分の利益保全を考えることではなく、他者とともに生きることを考えることだからである。ハイデガーが「共存在」という言葉で端的に表現したように。

補足しておくなら、このような考え方を「日本文化的」と形容し、ヨーロッパ社会では通用しないと軽侮したり、逆に、それは日本の独自性を示していると誇示したりすることは、無意味である。「他者とともに幸せでありたいという気持ちが、日本人には強い」などという、文化的差別化を図るよりも、どのような文化を生きていようとも通底する、人の本来的存在様態を語るべきである。そもそも「自分だけ幸せになりたい」と思うような文化など、あるのだろうか。

「強さの力」、すなわち予測可能なもの・操作可能なものを生みだす力が求められるなかで、人が生きることは、本来的にそうした力を超出・溢出している。それは、たしかに危うい。失敗だらけ、受苦・受難の連続である。しかし、そうした生は、美しいと思えないだろうか。そう思わせてくれる力が「弱さの力」であり、「あなた」の言葉にならない呼び声に「私」が応えることである。この呼応の関係を「愛」と呼ぶなら、「いのち」があることを証すものは、愛の営みである。

これまでの「いのち」論を踏まえていえば、「伝記」のようなかたちで他者の人生を描くことは、死者である他者とともに生きることだろう。それは、偉業の顕彰、教訓の析出、模範の提示など、いろいろなとらえ方があるだろうが、さしあたりそうしたとらえ方は、忘れよう。それは、死者の人生の記録を、生者の生きる縁《よすが》として再生することである、と考えよう。そのとき、その記録は、まさに生きている人への警鐘となるだろう。その記録によってわかることは、まさに生きている人がまだ、死者が闘ったものから少しも解放されていないという事実だからである。全集という膨大な活字のなかから何とか象られるその人の人生が、私たちの生きざまを照射する、私たち自身の生き生きとした記憶となるとき、私たちは、その人の「いのち」を感じる、といえるだろう。

第一二章 教育を支え援ける思想――交感のはたらき

Chapter 12 : Thought as Ontologia Helps the Educational : Opus of Unconditional Sympathia

§ ふりかえって

議論の出発点に立ち返ってみよう。第一章で、なぜ人は思考を思考するのか、つまり自・他の言動をふりかえるのか、と問い、人が思考を思考するのは、おそらく何が〈よりよいこと〉か、と考え続ける＝問い続けるからであろう、と答えてみた。つまり、それは、人がテロス（完成・終極）としての真実を求めているからであろう、と。このテロスは、虚焦点、つまりこれこれと確定できないが、言動・思考が試行錯誤しながらもおよそ向かうところであった。もっと端的にいえば、人の「存在」とは、一人ひとり固有的に〈よりよく生きようとする〉ベクトルであった。

そして、もしも教育において〈よりよいこと〉が確定されているのなら、教育思想は要らない、と述べた。なるほど、ふつうに考えれば、教育においてもっとも大切なことは、教育の「成果」（result）である。すなわち、学力の形成（学歴・資格の取得）、人格の形成（道徳性・コミュニケーション能力の育成）である。しかし、もしも私たちが、教育においてもっとも大切なことは学力の形成、人格の形成であると決めてしまえば、教育学は、そのための方法のみを語れば、充分である。つまり、教育学に教育思想は要らない。教育学に教育思想が要るとすれば、教育における〈よりよいこと〉はいまだ未決の問いであるときであり、事実、そうである、と考えてきた。

ここで補足するなら、教育における〈よりよいこと〉が未決であるのは、生のテロスが虚焦点のままだからである。〈よりよく生きようとする〉とはどういうことかという「問い」が、一意的な解答をもたないからである。この「問い」は、人生をかけて、「ああでもない、こうでもない」と考え続けるしかない「問い」である、と。それは、なぜ「よりよい（よりよく）」であり、「よく」ではないことに示されている。それは、人が潜在的に罪深い＝恣意的だからであり、「よい」といい切れず、せいぜい「よりよく」としてしか生きられないからである。たとえば、よかれ、と思ってやったことが、人を追い込む暴力となり、自分を追い詰めることになったりするからである。「よい」といい切れるようなテロスは、人には語りえない。人に語りうるのは、人びとのいだく多様な意見、そこに生じる多様な葛藤、それを生き抜くための知恵だろう。しかし、そうであっても、私たちはテロスに向かい思考し続ける。その終わりなき思考は、私たちの「存在」の証しである。

§ 超越性と感受性の広がり

〈よりよく生きようとする〉ことへの問いは、「形而上学的」と形容されるかもしれない。しかし、その「形而上学的」は、無内容な蔑称でしかない。その言葉は、最初に「形而上学」を語ったアリストテレスのそれではなく、ニーチェ、ドゥルーズが否定的に用いる「形而上学」の流用だろう。しかし、ニーチェ、ドゥルーズは、本質／現象、真／偽、可知／可感の対立図式によって、「力」を裁かれるものとして位置づける言説を「形而上学」と呼んだ。彼らは、ソクラテスにその起源を見いだし、キリスト教にもそれを見いだし、さらに「進歩・幸福・有用性」を語る言説にもそれを見いだした。その帰結が、世俗化とともに超越者を放逐し、理性の主体を気取る「人間」が「よりいっそう醜悪化する（enlaidir）こと」であった（Deleuze 1965 : 20-3［ドゥルーズ 一九八四：三九 - 四二］）。

そのニーチェ、ドゥルーズが求めたのは、「力」を体現することである。「力」は流動であり、流転であり、生成である。それは、さまざまな対立図式を「解体する」というよりも、それらを知らない。それは、自己・社会、規約・制度を構成する意味・価値ではない。したがって、彼らのいう「力」を体現すること、「力への意志」となることは、たえず既存の意味・価値を超え出ることである。その動態は、本論の定義に即して呼ぶなら、「超越性」である。すなわち、人間の「醜悪化」をもたらしているのは、超越者の放逐とともに行われた、超越性の忘却である。

本書の前半で試みたことは、この超越性を、類似する概念の存在論的差異化によって、思考動態として例示することであった。類似する概念の違いを示すことで、存在論的思考をいくらか具体的に示すことであった。「問題」と「問い」の違い、「責任」と「応答可能性」の違い、「感情」と「感受性」の違い、「もの」と「こと」の違い、「空想」と「想像」の違いなど。これらの試みにおいて、私は後者に存在論的位相を見いだそうとした。後半の試みは、〈よりよく生きようとする〉ことをいくらか具体的に象るための基礎概念を示すことであった。「主体」と呼ばれるべき、自・他をともに支える生きざま、「力」と呼ばれるべき、弱さの力。「愛」と呼ばれるべき、一体化への敢然性、「希望」と呼ばれるべき、他者の「存在」、「いのち」と呼ばれるべき、テロス、である。

そして、こうした超越性の例示のなかで、私が一貫して示唆してきたことは、超越性を可能にしている感受性の広がりである。それは、人がこの世界のなかでだれか・何かと交感し共鳴共振する状態、「私」が他者、生きもの、自然を感受すること、「世界がある」なかで「私がいる」ということ、である。感受性の広がりは、五感の知覚を要するが、それらを超えたものであり、「自己」の意図・意志にもかかわりがない。「私」の「意識」なるものは、事物や他者を操作し、しばしば作りかえようとするが、それは、この感受性の広がりのなかに浮かぶ一過性のベクトルである。

この最終章で述べておきたいことは、この「交感」の根本的なはたらきであり、それと信の関係である。まず、「交感」と「同情」の違いについて確かめ、次に、「交感」と「共感」の違いについて確かめよう。最後に、信にふれつつ、教育学に必要な思想について、私見を述べよう。

§「同情」と「交感」の関係

中島義道は、『反〈絆〉論』で、「同情」について触発的な議論を展開している（中島 二〇一四）。その議論を念頭に置きつついえば、私が興味深く思ったことは、「同情」という言葉に対し、私たちが、背反的な態度をとる傾向にある、というよく経験される事実である。すなわち、しばしば人は、他人に「同情」されると、プライド（自尊心）を傷つけられたと感じるが、他者に「同情」することは、自然なことであると感じている、という事実である。これは、いったいどういうことか。

中島の議論とはずれるが、これまでの私の議論を踏まえて、「同情」が、その本来態において「交感」（共鳴共振）であるとすれば、〈他者に「同情」することは自然なことと感じる〉ことは、納得できるだろう。念のためにいえば、人は、他者と何らかの親近性（親和性）を感じているから、他者に「同情」するのではない。私が祖述してきた、感受性の広がりという考え方からすれば、人が他者に「同情」するのは、「他者」が人だろうが、イヌ・ネコだろうが、樹・花だろうが、人が、「他者」と呼ばれる、本来的に自己の外にあるものを感受するから、そうするのである。

もう一つ、「自分は他者から同情されたい」とか、「他者に自分は同情したい」といった表現は、違和感や嫌悪感を生みだす、といえるだろう。「交感」としての「同情」は、自己の意志・意図とは無関係だからである。「同情」が「交感」を本態とするかぎり、それは、「されたい」「したい」のように、「自己」が意志・意図することではない。それは、人に到来・出来するものである。「同情」を「自己」に結びつけ、「同情されたい」「同情したい」と形容する人は、存在論的思考を欠く人、おそらく、近代的個人の自律概念に何の疑いも抱かないような、個人主義者ではないだろうか。

では、もう一つの〈他人に「同情」されると、プライドを傷つけられたと感じる〉のは、なぜか。まず、確認しよう。この「同情」が「交感」なら、それはプライドと何の関係もない。それがもしもプライドと関係するとすれば、この「同情」は「交感」ではない、ということになる。では、この「交感」ではない「同情」は何か。端的にいえば、「交感」を前提にしつつも、上から目線の、人の弱者化という評価だろう。すなわち〈あなたは、私よりも下に位置する弱者です〉という評価だろう。この評価を行う者は、「同情」に先行し、自分を「強者」と位置づけている。

この「上からの目線の同情」を行う者は、他者から「上からの目線の同情」を受けることを嫌悪するだろう。せっかく、自分を「私は強者です」と自分で評価しているのに、他人から「あなたは弱者です」と評価されたくなどないから。「強者」を自負する者は、どんな人からであれ、「弱者」などと呼ばれたくないだろう。こうした自負の感情を、一般に「プライド」というのだろう（これは、第一章でふれたニーチェの「同情」論で、ニーチェが「誇り」と呼んでいたものである）。

ようするに、〈他者に「同情」することは自然なことだと感じる〉といわれるときの「同情」と、〈他人に「同情」されると、プライドを傷つけられたと感じる〉といわれるときの「同情」は、別のことである。前者の「同情」は「交感」であり、後者の「同情」は相手を「弱者化する評価」である。この二つの「同情」を区別したほうが、議論をより説得的なものにするだろう。

§「同情」としての「優しさ」

次に、「交感」としての「同情」の中味を確かめよう。まず、それは、そのままのかたちで現象するだけでなく、意味・価値に染まった何らかの意図・意志と絡みつつ、現象する。それは、たとえば、〈快感を得たい〉という自分の意図・意志と結びつくことがある。そのとき生じるのが、「他人の不幸は蜜の味」という俗諺が語るような、他人の不幸を快感として味わうという「同情」である。このような「同情」の一つが、先に述べた「上から目線の同情」である。

この「上から目線の同情」は、たとえば、ニーチェが一八八一年の『曙光』でいう「優しさ」（zärtlich）である。ニーチェは、およそ次のようにいう。私たちが尊敬し敬愛しているある人が、思いがけず苦境に陥ったとき、その人に対する私たちの敬愛は「優しさ」に変わる。その人の苦痛を和らげるもの、たとえば、慰めの言葉、親切な行為を推しはかり、実際に言葉をかけ、親切にする。その人の苦痛を自分も共有しているかのようにも、ふるまう。そして、その人から「感謝されるという喜び」にひたる。もしも、その人が、私たちの慰めの言葉、親切な行為を受けとらなければ、この喜びは得られず、傷つけられたと感じる。ニーチェは、こうした私たちの行為を「善意の報復」（gute Rache）と呼ぶ（Nietzsche, KS 3, M：§138［ニーチェ 全集Ⅰ・九：第一三八節］）。この「優しさ」の前提は、やはり「自己」である。すなわち、他者との対等、他者への優越を欲望するそれである。この「自己」があるかぎり、他者の「苦悩」は人を卑しめ、他者への「同情」は人を喜ばせるだろう。

たしかに、「交感」としての「同情」は、ニーチェのいう「優しさ」のような、「上から目線の同情」として実際に現象するが、それにもかかわらず、そうであるということは、「交感」としての「同情」は倫理的に否定されるべきであると宣告するための、根拠にはならない。というのも、この「交感」としての「同情」を必死に否定しても、ふつうの人は、ただ苦しいばかりだからである。思い切って断言してしまえば、この「交感」は、「いのち」としての人の本来性である。

§「交感」が喚起する活動

むろん、人は、動物と違い、この「交感」をただ肯定し、そこに留まることができない。前述のように、人が、意味・価値が染みついた言語を用いて生きているからである。意味・価値によって、人は、だれかと「交感」したうえで、その人のために何かしたくなるのだろう。だれかを見て「辛いんだ」と思えば、支援したくなるし、「すごいな」と思えば、目差したくなる。そして「心から大切にしたい」と思えば、「愛する」だろう。おそらく、シェーラー（Scheler, Max 1874-1928）もそう考えたのだろう。彼は、一九二三年の『交感の本質と諸様態』（邦訳は『同情の本質と諸形式』）で、「交感」（Sympathie）は、「共歓」「共苦」といった現象として表れる、「心」の「機能」であるが、「愛」（Liebe）は、「交感」に依りつつも、他者へと向かう「活動」（Akt）であり、その「活動」は「より気高い価値」をもつ、と述べている（Scheler, SGW 7, WFS : 157［シェーラー 著作集八：二五八 - 九］）。

シェーラーの用語について、すこし整理しておこう。彼のいう「交感」は三形態、すなわち「一体感」（Einfühlung）、「追感情」（Nachfühlung）、「共感情」（Mitgefühl）に分けられる。「一体感」は、いつのまにかある人と自分を同一化してしまうこと、映画の主人公と自分を同一化し、はらはら・ドキドキすることである。「追感情」は、他者の感情をモノとして把握し認識すること、いわゆる「相手の立場に立つ」ことである（後述する、心理学がいう「共感」である）。「共感情」は、人が「自己」を超えて他者の感情に「参与すること」（Teilnahme）であり、そうするとともに他者を「より高めること」である。シェーラーは、この「共感情」すなわち「愛」という価値と結びつきうるそれが、真の「交感」である、という（Scheler, SGW 7, WFS : 26-149［シェーラー 著作集八：四五 - 二四六］）。

私がいう「交感」は、シェーラーのいう「交感」の諸形態と部分的に重なるが、ずれている。私がいう「交感」は、人だけでなく、動物にも見られるが、たぶんに想像力に与りつつ他者と共鳴共振すること、他者を無条件に受け容れることであり、たぶんシェーラーのいう「交感」の諸形態の原型である。ちなみに、この「交感」に衝き動かされる人を「強い人」と形容することは、適切ではない。たとえば、何十年にもわたり、非行少年たちに居場所を提供し続ける人は、「なぜ少年を助け続けるのですか」と問われても、したくてしてきたのではなく、やむにやまれずしてきた、と答えるだろう。次に、「交感」と「共感」の違いについて、確認しよう。

§「交感」と「共感」の違い

「同情」という日本語は、それにぴったり対応するヨーロッパの言葉がないが（中島義道は、ドイツ語のMitleidが日本語の「同情」に近いという［前掲書］。ついでにいえば、英語のcompassionも「同情」に近いだろう）、これまで重視してきた「交感」も、すこし回避してきた「共感」も、ほぼそれにあたるヨーロッパの言葉がある。交感は［E］sympathy／［F］compassion, sympathie／［G］Sympathieであり、共感は［E］empathy／［F］empathie／［G］Einfühlung, Empathieである。symapthy, sympathie, Sympathieは、ラテン語のsympatia、古代ギリシア語のsympatheia（ともに苦しむ）に由来する。empathyは、一九〇四年にドイツ語のEinfühlung（一体感）を訳すために作られた新しい言葉であり、empathie／Empathieは、そのフランス語／ドイツ語訳であろう（古代ギリシア語にempatheiaという言葉はない）。

心理学や看護学などで重視されてきたことは、「共感」である。それは、セラピー、カウンセリングにおいて、評価抜きにクライアントの気持ちを理解することを意味する。これは、治療を目的とした意図的行為である。これに対し、「交感」は、繰りかえし述べてきたように、他者の気持ちを理知的に理解することではなく、他者を無条件に受け容れることであり、「自己」という意図・意志を越えて相手に寄り添うことである。たとえば、私が臨床知を総動員し、だれかの心理・感情をよく理解すれば、その情報を使いその人を操ることができるが、私がだれかを無条件に受容してしまっているときは、相手を操作しようとも思わない。「自己」による自・他の疎隔化を前提にするか、「自己」を忘れた自・他のつながりを前提にするか、これが「共感」と「交感」の決定的な違いである。

日本の文学から、引用しておこう。たとえば、宮澤賢治の詩作のなかに、「交感」と重ねられる言葉を見いだすことができる（これは、矢野の論考（二〇一六）に教えられた）。宮澤は「……じつにわたくしは水や風やそれらの核の一部分で／それをわたくしが感じることは／水や光や風ぜんたいがわたくしなのだ」と記している（詩「三六八　種山ヶ原」の「下書稿（二）」）。「水や光や風ぜんたいがわたくし」というときの「わたくし」は、「感受性の広がり」としての「私」といえるだろう。

このような「交感」は、現代社会において、どんなふうに位置づけられているのか、ふれておこう。一九九四年に「同情するなら、金をくれ」という、テレビドラマの台詞が、広く耳目を集めたが、この「同情」が「交感」だとすれば、この台詞は、この現代社会における「交感」の立ち位置を暗示している。〈いくら「同情」されても、私の困窮は解消されない。私の困窮を解消するのは、物質的支援である〉。これは厳然たる事実である。この世知がらい事実を前面に押し出しつつ、先の台詞を人に突きつければ、この台詞は「同情などいらないから、金をくれ」と聞こえるだろう。それは、人が〈よりよく生きようとする〉ために不可欠の生の重層性を、否定する態度である。

§　教育を支え援ける思想——存在論的思考

生の重層性は、人が生きることが実在論的・機能論的位相と存在論的位相の重なりあいであることである。いいかえれば、人が生きることは、なるほど〈これこれである〉と明確に規定できないが、少なくとも、問題を解決し、事態を〈よりよく作りかえる〉営みと、問いを思考し、ともに〈よりよく生きようとする〉営みの、二つの営みの重なりである、といえるだろう。

本書でずっと述べてきたことは、後者の存在論的位相である。その理由は簡単で、前者の実在論的・機能論的位相の営み、たとえば、戦略的思考については、だれもが熱心に語るからであり、ほとんどの人がその大切さを知っているからである。これに対し、後者の存在論的位相は、しばしば否定的に語られるか、かなり専門的ないし宗教的に語られるだけであるように思うからである。

存在論的位相は、端的にいえば、交感の位相である。「私」と「あなた」が共鳴共振することである。「私」が「あなた」を感受性で受け容れることである。この交感の位相は、大切な人を喪ったときの「なぜ」という「問い」の前提である。この「なぜ」に答えはない。「なぜ私ではなくあなたが死んだのか」「なぜ私は子どもたちを守れなかったのか」。こうした答えのない「問い」を生みだしているのは、悲しみであり、この悲しみを可能にしているのは、「あなた」との親近の関係性であり、その本態は交感である。「なぜ」は、「あなた」のことが痛いくらいにわかることの証しである。

日常生活に目を転じれば、交感はまた「呼び声」としても現象する。すなわち、「私」が「あなた」の「存在」を感じ、「あなたがいる」と思うときの、「ただいま」であり、「おはよう」である。その挨拶は、儀礼としての挨拶ではない。なるほど、挨拶を、制度化された儀礼か、対人感情操作の手段と考える人もいるだろう。そういう人には、他者の「存在」を感受する共鳴共振、交感の事実など、妄想にしか思えないだろう。しかし、早世したわが子の遺影に、毎日、「おはよう」と声をかける人は、その遺影に、わが子の存在を感じている。それは、断じて妄想ではない。

交感の位相はまた、たとえば、何か・だれかに「夢中になる」「我を忘れる」こと、つまり専心にも見いだされる。ピアノを弾くことに夢中になっているときは、私の「自己」が、内面で鳴り響く音楽に、また全身で感じられる音楽に溶けてゆくこと、と考えられる。先にふれた矢野智司は、社会学者の作田啓一の言葉を用いて、そうした体験を「溶解体験」と呼んでいる。またそれは、これも矢野が論じる「動物と出会う」ことにも、見いだされるだろう。それは、人が動物と、あたかも人と接するように、接することである。これは、動物の「擬人化」ではない。動物／人間という区別があり、そのうえで、動物を人間のように扱うことではない。動物と出会うことは、動物を「いのち」として感じ受け容れることであり、その結果として、人と接するかのように、接することである（矢野二〇〇二）。夢中になったり、動物と出会ったりすることで、人は、他者・動物への暴力から、「自己」の制御を介さずに、遠ざかることができるだろう。

交感はさらに、「寛容」の態度、「畏敬」の念、「驚異」の感覚に通じている。人とであれ、生きものとであれ、自然とであれ、人は、感受性の広がりのなかで生きているとき、「エゴイズム」「ヒューマニズム」（人間中心主義）から隔たり、他なるものに対し、「寛容」の態度をとったり、「畏敬」の念をいだいたり、「驚異」を感じたりする。他なるものは、「私」の「自己」を超え、「大自然」のように、しばしば「私」を無条件に支えているからである。この他なるものは、私たちが、主体（主観）／客体（客観）、意識／対象という区別で思考し始めると、たちどころに消失するだろう。

§ 受容し応答し決意して

最後に、こうした交感、感受性の広がりと信の関係について、ふれておきたい。デリダは、一九九九年の『死を与える』という本で、「宗教なき宗教の可能性」という概念を示した。それは、諸宗教の区別を超えてそれらに通底する、いわゆる「宗教性」のことではなく、カント、ヘーゲル、キルケゴール、そしてハイデガーに見いだされる伝統、すなわち「教義（dogma）に非教義的なもの（non dogmatique）を重ね張りすること」である（Derrida 1999：75［デリダ二〇〇四：一〇五 - 六］）。この「宗教の可能性」「非教義的なもの」の中心は、いわゆる「信仰」（foi）から区別される「信」（foi）ではないだろうか（「信」のフランス語はやはり foi だろう）。デリダは、一九九六年の『信と知』において、

「信（foi）は、これまでかならずしも宗教［religion＝礼拝］と同一視されてこなかったし、これからもそうだろう」と述べている。信が向かう「神聖なもの、聖なるものは、かならずしも宗教的なもの［religieuse＝礼拝的なもの］ではない」と（Derrida 2001：18［デリダ二〇一六：二三］）。

デリダが「聖なるもの」と結びつける信を、より感性的で日常的なものに引き寄せてみよう。すなわち、信を私たちの日常の多くの言動の感性的前提である、と考えてみよう。たとえば、「親切」「善意」「厚情」「気遣い」と呼ばれる態度のエレメント（存立条件）である、と。というのも、人の人への、たとえば、気遣いは、計算でも、習慣でも、規範でもなく、人の、人への信に支えられているからである。人の何を信じるのかという、信の理由を知ろうとする問いは、要らない。「理由」は「自己」を前提とした問いであるが、この信に理由はない。この信は、無条件の受容である。自然に耳が聴き、眼が見るように、人が自然に交感し、共鳴共振することである。こう考えるとき、信は、感受性（交感）のもっとも基本的なはたらきである、といえるだろう。

この無条件の受容という受動性は、無条件の応答という能動性と連続している、と考えられる。この応答は、自然に手を差しだし、言葉をかけること、いいかえれば、感受性の広がりのなかで、見返りや世間体とは無縁に、人を支え援けることである。この無条件の応答が、レヴィナスのいう「応答可能性」、さかのぼれば、パウロのいう「隣人への愛（アガペー）」の本態である。そして、この無条件の応答を生みだす主要な契機が、あの「良心の呼び声」である。人は、出所不明のこの「良心の呼び声」に聴従し、他者への無条件の応答に向かう。そこに、デューイ、鷲田のいう「弱さの力」が生成し、またリンギスのいう「異他の共同性」が具現するのだろう。

「自己」の意識が介入するのは、少なくとも無条件の受容の後である。それは、「無視」「悪意」「冷酷」「傍観」と呼ばれる態度の契機となる。意識はときに、「私」に他人を救う余力などない、と告げ、試みても立ち竦むか、逃げ出すかだけだから、見て見ぬふりをしたら、と唆す。意識はまた、「批判」と称して人を誹謗し中傷すれば、矜持に縋りつく自分の貧しさを覆い隠せる、と思ってしまう。しかし、意識はまた敢然と決意する。すなわち、意識が意味・価値とともに合理的に告げ唆すること、また利己的に考え慢心することに抗い、それを超えようとする。こうした抵抗、超越も、あの「良心の呼び声」が招来したもの、としかいえない。そして、人が、この、自分に唐突に到来する、他者を支え援けよという「呼び声」にただ聴き従うことは、その人自身を支え援けることになるだけでなく、その人にかかわる他者が自分自身を支え援ける契機にもなりうる。

　この受容・応答・決意とともに自・他を往還する支援が、教育学が確認すべき〈よりよいこと〉であり、存在論的思考が人を導く先の、すなわち〈よりよく生きようとする〉ことの本態である。というのも、この自・他を往還する支援のなかにこそ、真の「自由」が生成するからである。「自由」は、抽象的に定義される状態ではなく、人が具体的に交感しつつともに活動することを指すのではないか。たとえば、先述の「夢中になる」とき、人は、欲望・恣意に染まる「自己」から自由だろう。「動物に出会っている」とき、合理性・有用性を追い求める「人間」から自由になるだろう。大自然に「畏敬」の念を抱くとき、規約・制度で雁字がらめの「社会」から自由になるだろう。もっと拡げていえば、交感のなかで、人は自己・意図、意味・価値、規約・制度から自由になるだろう。教育の出発点であり帰着点である家庭も、このような自由の場としてあるべきだろう。

§ 教育をよりよく変えるために

教育という営みは、学力の形成、人格の形成といった、自分を〈よりよく作りかえる〉営みの前提に、この〈よりよく生きようとする〉営みを呼び覚まし、また見い出すことで、確かなものとなるだろう。いいかえれば、実体的・機能的位相の下に存在論的位相を喚起し発見することで。そうすることは、具体的に学校教育をどのように変えることなのか、これについては、あらためて論じなければならない。ひとつだけ述べておけば、それは、カリキュラム、教室空間、教員構成など、学校教育を構成する諸要素を、一つ一つ少しずつ、聞こえない声に聴き従う営みをふくむものへ、変えていくことである。そうした小さな修正の総和が、学校教育全体を大きく変えることにつながるだろう。

たとえば、一人ひとりが「夢中になる」「専心する」機会を用意することが、考えられる。たとえば、矢野がいう意味で「動物と出会う」機会を用意する。またたとえば、自然環境の変化に対する海洋の巨大なメカニズムを科学的に知ることで、自然に対し「畏敬」の念を抱く機会を用意する。なるほど、どちらも、すでに学校教育のなかで行われているように見える。しかし、国語・算数・理科・社会といった各教科の授業も、水族館・動物園見学も、海や山での野外学習も、本当にこうした機会になっているだろうか。結果的にであれ、子どもたちは、無数の交感の機会、無数の〈よりよく生きようとする〉存在論的契機を、見逃してしまうように、方向づけられていないだろうか。

なるほど、自然科学系の授業では、交感の機会を提供しにくい、といわれるだろう。たしかにそうだろう。しかし、自然科学的知見も、それが、想像力とともに、「驚異」の感覚を生みだすなら、〈よりよく生きようとする〉機会となりうるだろう。たとえば、「自然観察」。知覚できる花びらや樹木を観察することは、学校でよく行われているが、知覚できない「自然」を想像する機会は、充分に用意されているだろうか。目に見える本も机も体も、見えない原子でできている。その原子も、もっと小さい見えないものからできている。そのもっと小さいものは、もっともっと小さい見えないものからできている。海や山は見えるが、地球は見えない。地球のある太陽系も見えない。太陽系のある銀河系も見えない。宇宙全体も見えない。その外ももちろん見えない。無限に小さいものから、無限に大きいものへと、連綿とつづくこの世界の広がりは、ただただ想像することしかできない。しかし、この想像するしかない世界の広がりを思い描くだけで、この社会のなかの、この学校のなかの勝ち負けやいざこざなど、ちっぽけでつまらないものに思えてくるだろう。想像力が象る、人為をはるかに超えるものの「存在」は、「驚異」の感覚を生みだし、人の傲りをいさめるはずである。

むろん、学校教育の変革は容易ではない。学校教育の様態を規定している、大学入試の様態、さらにそれを規定している、さまざまな要素、たとえば、グローバル化、経済界の動向、各教科の伝統、日本文化の特徴などを考えるなら、この変革は、果てしないもの、といえるだろう。しかし、そうであることは、変革を諦める理由にならない。種々の学会やネットで行われている「批判」という名の誹謗中傷、ようするに自己利益の追求、プライドの確保に身をやつすことなく、具体的な教育改革案の提案を、さまざまなところで実行してゆくことが、教育学的に大切である。コミュニケーションにおいて対他的にポジティブであること、これこそが、教育変革への努力を支える教育学的基礎である。

結論
共存在と超越性の教育思想
Conclusion : Educational Thought of Co-presence and Transcendence

§ 本書のテーゼ

本書で論じてきたことは、実在論的・機能論的思考と存在論的思考という重層思考とともに世界を象ることによって、〈よりよく生きようとする〉力がうまく喚起される、ということである。そして、提言してきたことは、存在論的思考へと子ども（人）を誘うことである。実在論的・機能論的思考は、子ども（人）が、通念としての意味・価値、それらによって構成される自己・世界、そして規約・制度を前提にしつつ、利益・利便、有用・有能を求めるとき、自然と形成されるが、存在論的思考は、たとえば、「良心の呼び声」によって喚起されるにせよ、往々にして覆い隠されるからである。

存在論的思考への誘いは、二つの基礎概念を要する。共存在と超越性である。共存在は、交感というかたちで他者とともに在ること、いいかえれば、「私」を起点とする感受性の広がりと一体である。それは、人と人の、人と生きものの、人と自然全体の、相関活動を可能にする基礎である。超越性は、この交感、感受性の広がりが通念としての意味・価値、したがって自己・世界、規約・制度を超えていること、いいかえれば、人がだれか・何かに心を動かされ揺さぶられるとき、その人がかけがえがない他者の存在に気づくということである。こうした超越性は、共存在の本態である。

超越性を本態としつつ共存在する人びとは、たえず事後のテロスに向かう。共存在する人びとが向かうテロスの中味は、事後的にのみ語りうる。事前のテロスはでっちあげである。事後のテロスは、一生にわたりだれかを愛し慈しむことかもしれないし、人生をかけて何かの仕事に打ち込むことかもしれない。それは、だれか・何かが定めることではなく、当人自身が人生の終わりとともに語ることである。しかし、この事後のテロスは、象られないままに、当人のなかに潜在している。その意味で、事後のテロスは潜在のテロスでもある。このようなテロス概念は、宗教一般が語る、人が乞い願う相手としての「神」、その全知全能と無関係である。それは、人が自分に希み求める実存としての超越性、その虚焦点である。このような事後／潜在のテロス概念は、いわゆるキリスト教の「信仰」から区別されるキリスト教の信が向かう先の位相と、類同的だが、一致しないだろう。

§ 疑念をともなう信、事後／潜在のテロス

キリスト教の信が向かう先は、無条件の愛（アガペー）を説くイエスである。このイエスは、キリスト教においては「神の子」と位置づけられている。これは、さまざまに議論されてきたことである

が、さしあたり、実在論的に理解せず、隠喩論的に理解しよう。すなわちそれは、究極的・超越的な存在者、いいかえれば、人に把握不可能な絶対他者を暗示する言葉である、と。このように考えるとき、イエスへの信は、テロスへの深いかかわり、と翻案できるだろう。

　このような信が向かうイエスは、不在の存在である。まず、このイエスは、過去においていたといわれるが、現在は存在しないという意味で、不在である。いわば「神の死」は、一九世紀の出来事ではなく、最初からキリスト教の大前提である。また、このイエスは、眼に見えなくても、言葉で語りがたくても、つまり実在しなくても、「自己」の意図・欲望を超えたテロスとして「存在」する。テロスは、意味・価値に向かう「自己」ではなく、テロスに与る信によって、存在する。

　こうした信は、その信への疑念と一体である。その信が、知覚も表象もできないもの、つまり把握不可能なもの（uncontainability）に向かうことだからである。私たちの想像力は、しばしばこの把握不可能なものを無理やり把握しようとし、挫折し落胆し、それを繰りかえすうちに、イエス＝テロスという認識を疑い始め、シニシズムに向かい始める。にもかかわらず、人はテロスに向かうという不可能な試みをやめられない。それは、おそらく、人が本来的にテロスにとらえられているからだろう。向かうところへの疑念をふくまない信は、信ではなく「信仰」であろう。

　事後／潜在のテロスも、キリスト者の信が向かうテロスと似ている。それは、だれかによって予示されるが、自分にふさわしいそれとしてなかなか受容されない。にもかかわらず、それは、この「私」において「どのようなもの（人）か」と問われつづける。またそれは、さまざまに名づけられているが、これこれとはっきりと把握されない。にもかかわらず、それは、理念、想像されるべきものとして出現しつづける。それは、ふりかえってみれば、自分の決意や企図や計画を方向づけていたかに見えるが、キリスト者の信が向かう先よりも、はるかにとらえどころがない。

この事後／潜在のテロスについて、ここでいくらか語りうることは、それが、どのような営みによって醸成し、象られるのか、である。使い古された言葉を使えば、「直観」と「自律」（道徳性）によってである。どちらも、教育を構成するうえで欠かせないが、どちらも、共存在・超越性の観点からとらえなおし、いわゆる「留保（宙づり）」論から離れて、使ったほうがいいだろう。そうすることは、「師」という概念を読みかえることにもなるだろう。まずは「直観」から。

§直感の交感論へ

まず最初に確かめておくなら、「直観」は、二つの意味で用いられている。一つは、たとえば「直観幾何」「直観教授」といわれる場合のそれで、事物を具体的な観察・体験によって理解することである。もう一つは、「イデアの直観」（プラトン）、「純粋直観」（カント）、「直観主義」（ベルグソン）といわれる場合のそれで、推論・分析によらずに把握されることである。

「直観教授」は、英語の object lesson の訳語であり、この object lesson は、ペスタロッチの Sachunterricht の翻訳で、具体的な事物を用いて言葉の意味を理解させる方法である。「直観」と訳されるのは、そうした理解の仕方を、ペスタロッチが Anschauung と形容したからである。「直観幾何」の原語も、ドイツ語の Anschaliche Geometrie で、数式ではなく図形で幾何学を理解する方法である。哲学的な「直観」は、intruition の翻訳で、さかのぼれば、ラテン語の intuitio（インテュイティオ）に由来する。intuitio は、「眺める・見つめる」を意味する言葉（intueri）から派生した言葉で、その第一義は「鏡に映った姿」である。ちなみに、「直感」という日本語は、instinct/Instinkt の翻訳であり、それは、いわば「勘」であり、私なりの翻案をすれば、「全体論的把握」である。

ここでは、プラトン以来の哲学的な意味の「直観」を踏まえつつ、それを〈知覚しえなくても在るものの存在を信じることで、その存在を感受すること〉である、と規定しよう。何かを信じているとき、私たちは、たとえ見えなくとも、その何かがそこにあることを実感している。いいかえれば、信じるという営みと感受するという営みは、一体であり、対象についての視覚像・聴覚像などの「表象」をともなわない。端的にいえば、「直観」は、「自己」の意識を介さずに生じる認識である。

たとえば、パスカル（Pascal, Blaise 1623-62）は、『パンセ』のなかで、次のように述べている。「真理は、たんに理性（raison）だけでなく、心情（cœur）によっても、認識される。私たちがもっとも根本的な原理を知るのは、後者によってである。それにまったくかかわらない理性が、その原理に向かっても、無駄である」（Pascal 1976：§282［パスカル 一九七三：第二八二節］）。彼がいう「理性」の営みが「分析」であるのに対し、「心情」の営みは「直観」である。また、カントは、『判断力批判』の「第一序論」で、「知性」による「認識」から、「感性」（Ästhesie）による「判断」を区別している。「判断は……感覚的、感性的なものと呼ばれうる」。そして、この「感性」に依る「判断力が……［人の］自律を証明するものとなる」と（Kant, W8, KU：36, 39［カント 二〇一五：七七、七九］）。彼がいう、この「感性」による「判断」も、「直観」である。ベルクソン（Bergson, Henri 1859-1941）の「直観」も、ここでいう「直観」（intuition）と重なるだろう。なるほど、ベルクソンのいう「直観」は、むしろ「直感」に見える。それが、自分を内側から感じること、たとえば、変容し躍動することで持続している意識、同じく変容し躍動することで持続している生命を感じることだからである。しかし同時に、ベルクソンは、「形而上学入門」（『思考と運動』所収）でも『創造的進化』でも、「交感」を「直観」とも形容している。たとえば「私たちは、ここで直観を交感（sympathie）と呼ぶ」と（Bergson 2009, PM : 181［ベルクソン二〇〇〇：二一九］）。この「直観」としての「交感」は、共鳴共振を生む「交感」に他ならない。

§ 祈りえない人のために

私の提案は、いわゆる「直観」を、感受性の広がりのほうへ引き寄せることで、旧来の教育学が目に見える事物と結びつけ語ってきたそれを、見えないもの・聞えないものを感受するというより深い営み、すなわち「ともに生きている」ことを語る存在論的思考へとずらすことである。

この存在論的思考は、金子晴勇が試みている「キリスト教人間学」の思考に近しくもあるが遠くもあるだろう。金子は、パスカルの『パンセ』（Pascal 1976 : §277［パスカル一九七三：第二七七節］）を引きつつ「心情で感じられる神」（Dieu sensible au coeur）、すなわち神を心情的に直観することを「信仰」の本態として語り、その機能が「古い自己を超えて新しい自己となる自己超越である」と論じ、それがアガペーとしての「愛のわざに結実する」という。すなわち、他者への無条件の愛による「自己中心的な罪の主体からの解放」に（金子二〇一六：一八五‐九二）。私は、こうした主張のすべてに同意する。しかし、たとえば「……神こそ自己の創造者、形成者、教育者である」（金子二〇一六：一九五）といった「神」を主語とする言述の様態は、私の採るそれではない。私にとっては、「神」は、括弧なしでその言葉を使うことをためらうくらい、述定しえないもの、祈りえない相手だからである。

細い稜線をたどってみよう。人をテロスに向かわせる契機を実体化し確実化することを、可能なかぎり避けるために。そうしようとするかぎり、私が提案する存在論的思考は、マリオン（Marion, Jean-Luc）が二〇一〇年の『否定的確実性』（*certitudes négatives*）で語ったそれ、いいかえれば、「確実性なき認知」

（connaissances sans certitude）を要するように見えるだろう（Marion 2010：14）。マリオンの語る「否定的確実性」は、実験科学・実証科学の確実性にも、論理学・数学の確実性にも還元されない、第三の確実性である。マリオンは、この第三の確実性を論じた先駆者として、デカルトとカントを挙げている。カントについていえば、マリオンがカントに見いだす「否定的確実性」は、カントが『純粋理性批判』で論じている「無知」（Unwissenheit）である。それは、私たちが「知の限界」を知ることであり、それが「知の限界」を知りつつ超える「理性」をはたらかせる「絶対的で必然的なこと」、いいかえれば「本来的原因」である、ということである（Kant, W2, KrV：B786［カント 二〇一三下：四一 - 七］；Marion 2010：17-8）。つまり、知りえないからこそそれに向かおうとする、という確実性が、たとえば、「人間とは何か」、「何が神と呼ばれるのか」といった、問いを生みだす、と。

　こうしたマリオンの「否定的確実性」の議論は、マリオン独自の議論というよりも、アウグスティヌス以来のキリスト教思想が懐胎してきた『否定神学』（theologia negativa）の拡大版であろう。マリオンは、二〇一六年の『贈与と啓示』において、「どうすれば、神を問うことが偶像崇拝に堕することを避けられるか」と問い、「問いを厳密に維持することによって」と答えている（Marion 2016：117）。それは、マリオンが二〇〇一年の『過剰に』で、レヴィナスの『私たちのなかで』の言葉、「言説の本質は祈りである」（Levinas 2010［1993］：19［レヴィナス 一九九三：一四］）を引きつつ述べているように、「宣教的で規約的な言明、つまり言語の形而上学を侵犯し」つつ、「ふれえないものに呼びかける」ことである（Marion 2010［2001］：181）。すなわち、「私にふれるな」と述べたイエスに祈ることである。

　この、ふれえないものに呼びかけること、祈ること（＝知りえないものに向かいつつ生きること）は、呼びかけ、祈る相手（向かうところ）が「知りえないもの」であると知ることを、根本要件とする。これは、「無知の知」というパラドクスではない。知覚・表象できないと判断・想像すること、いわば「存在」は存在者ではないと思考することである。この存在論的思考を根本要件としなければ、呼びかける相手は、絶対化されてしまい、そうする自分も、密かに思いあがる。あとで立ちかえるが、マリオンも、レヴィナスも、その相手に向かって呼びかけ祈ることができる。しかし、呼びかけられず祈りえない人もいる。私が立つところは、この祈りえない人の立場である。それは、カントの立った立場だったのだろうか。カントの「自律・道徳性」論を取りあげ、確かめておこう。

§ 道徳的な自律の共鳴共振論へ

まず、カントのキリスト教へのスタンスを確認しよう。カントは、一七九三年の『たんなる理性の枠内の宗教』で、「恩寵を願う」宗教と、「道徳的（moralische）」な宗教を区別し、キリスト教のみが後者である、と論じている。「恩寵を願う」宗教は、神が自分を「よりよい人にする」と考えるが、「道徳的である」宗教は、人がみずから「よりよい人であろう」とする力を喚起する、と。

この「道徳的である」宗教は、先に述べた「不在の他者」であるイエスを前提としている。すなわち、（「神」など始めからいないからではなく）もはやイエスがいないのだから、自分こそが（「小さな神」として世界を支配するのではなく）イエスであるかのごとくよく生きようとすることが、「道徳的」であることである。カントにとって、このような意味で人に「道徳性」（Moralität）を求める宗教は、キリスト教だけである（Kant, W8, RGV : 703［カント 全集一〇：六九］、Derrida 2001 : 19［デリダ 二〇一六：二五］）。『判断力批判』の次の文章は、人がすでに「不在の他者」であるイエスに向かうというベクトルを抱いているという意味でのみ、理解できるだろう。「……道徳性の主体としての人間だけに、目的を無条件に立てることが見いだされる。このような無条件の目的定立のみが、人間［そのもの］を究極的目的にすることができる」（Kant, W 10, KU：394［カント 二〇一五：四七四］）。

カントの「道徳的」な宗教の原則は、〈よりよいこと〉に向かい、みずから〈よりよく生きようとする〉ことである。「よりよい人になるために、だれもが、自分の力を尽くさなければならないし、……よりよい人になるために、善に向かいつつ、固有本来の素質（ursprüngliche Anlage）を活用するときにのみ、自分の力の及ばないことを補い援ける［人為を超える］高次の助力を望むことが許される」が、人は「この助力がどんなものなのかを知る必要はない」。知る必要があるのは「この助力にふさわしく在るために自分が何をなすべきかである」と（Kant, W 8, RGV：703-4［カント 全集一〇：六九］）。これは「人事を尽くし天命を待つ」という、日本の俗諺に似ているが、それと重ねないほうがよいだろう。儒教の「天命」と違い、カントの「高次の助力」は、通念のもとに構成された目的達成に向けられたものではなく、通念を超えるよりよい自己創出に向けられたものだからである。つまり、活動の機能にかんする概念ではなく、人の実存にかんする概念だからである。

カントのいう「自律」（Autonomie）は、この「道徳的」であることと同義である。人は、「全知全能の神」を信仰し、現世の苦痛や悲哀が来世に贖われるという確信によって、「自律」するのではない。人はまた、同じく「神の子」イエスが、かつてすべての人の罪深さを贖ってくれたと確信することによって、「自律」するのでもない。人は、「キリスト」と呼ばれたイエスを、みずから「模範として打ち立てる」（zum Beispiel aufgestellt）ことで（Kant, W 8, RGV：717［カント 全集一〇：八五］）、「道徳的」に「自律」する。いいかえれば、人が、かつてもっとも気高く生きた他者が「模範」として「表象され」（vorgestellt）（Kant, W 8, RGV：717-8［カント 全集一〇：八五］）、かつ人が、その気高い他者のようになりたいと思い、みずからそう努力することが、「道徳的」な「自律」である。人は「不在の他者」との心情的つながりのなかでこそ、「道徳的」に「自律」することができる。

カントは、人を「道徳的」に「自律」させる何かは、人の「理性」ないし「魂」のなかに潜在している、という。この「理性」に潜在するものは、イエスという、「人間の理念」としての「原像」（Urbild）である。「神が満足する道徳的な人間の理念を、私たちにとっての模範とするために、経験の実例は、必要ない。この理念がすでに、そうしたものとして、私たちの理性に潜在するからである」。人が信じるべきことは、人の願望をかなえてくれるという「全知全能の神」ではなく、人に潜在するこの「人間の理念」である。つまり、それへの信である。「私たちの理性に潜在する人間の理念は実践的に妥当であるという信（Glaube）のみが、道徳的であるうえで、価値を有する」。この信は、けっして「信仰」ではない。「……それ［＝いわゆる信仰］に服従することは、したがって良心の欠如である。それが人に求め許すことに不正義がある可能性があるからであり、それ自体、良心的な人間の義務に反する恐れがあるからである」（Kant, W 8, RGV : 715-6, 861［カント 全集一〇：八二 - 四、二五二］）。

このようなカントの「道徳的」な「自律」は、「神」への求め、祈りをともなわないが、かわりに「人間の理念」を潜在させる「理性」を実体化しているように見える。すなわち、アウグスティヌスのいう「内在する人」（「神」の前に立つ人）を「理性」として実体化しているように。しかし、それも、存在論的位相にとどめおくことができるのではないだろうか。すなわち、「理性」のなかの「人間の理念」は、「神」の賜物、「神的霊感の信」でもなく、また「理性」の表象、「純粋理性の信」でもなく、たんなる感受性の広がりのなかで人に生じる響きあい、呼び応えの象り、気高い他者への最強度の共鳴共振の象りである、と考えることに。もしも、私たちの思考をこのように存在論にとどめおくなら、私たち一人ひとりは、事後／潜在のテロスを象るうえでより自由になるのではないだろうか。その信の相手は、人それぞれであり、その相手の形容も、人それぞれとなるだろうから。

§「師」という「外」

「師」について教育学的に語る場合でも、やはりこの存在論的思考へのとどまりが必要だろう。ラテン語の「師」（magister）という言葉は、ヨーロッパの哲学思想、教育思想においては、しばしば、あのアウグスティヌスの言葉が木霊しているからである。「すべての師のなかに師はただひとり。天上にいる師だけである。……私たちは、地上にいるどんな人も師と呼ぶべきではない」という言葉である（Augustinus, AO, M : 14. 46［アウグスティヌス 著作集二：二七六］）。この「師」は「内在する人（homo interior）に住まうキリスト」としてのイエス（Augustinus, AO, M : 11. 38［アウグスティヌス 著作集二：二六六］）、いいかえれば、あの「不在の存在」としてのイエスである。たとえば、キルケゴール（Kierkegaard, Søren 1813-55）は、「学ぶ者に真実を提示するだけでなく［それを真実と把握するための］条件を提供する人は、［この世界にいる］教師ではない」という（Biesta 2013 : 52 から引用）。ビースタが「超越性」を「学ぶ」といわず、それを「教えられる」（being taught）というべきだ、と主張するのも（Biesta 2013 : 53）、明言されていないが、「超越性」を教える者が「不在の存在」だからだろう。

たしかに、ある人が「この世界」の「外」を表徴する超越者である、と思えるときがある。それは、「この世界」の「外」と「この自己」の「外」が重なるときであり、ある人が、「自己が帰属する世界」の「外」に自分を誘う「絶対他者」として、現れるときである。キリスト者なら、イエスを想いながら、そのような人を「師」と呼ぶだろう。ハイデガーの存在論を退けたレヴィナスも、例外ではない。彼は、「師」（maître）を「外なるもの」（extériorité）を体現する実存である、と規定する。「師」は、「弟子」が「外」を直観し、そこに向かうためのメディアである、と。レヴィナスが考える「弟子」は、「師」すなわちイエスにかかわるとき、その「師」の「呼びかけ」に応えて、自分（の馴染んできた「世界」、つまり意味・価値、規約・制度）の「外」に身を乗りだす。したがって、この「師」が体現する「外なるものは、［弟子の］自由を生みだすのであり、［弟子の］自由を損なうのではない」と言われる（Levinas 2003（1971）: 73［レヴィナス 一九八九：一四四］、内田 二〇〇四：五八）。

しかし、ここでも、私が問いたいことは、この「外」なる「師」がどのように象られているか、である。その「師」が、カントの「原像」と同じように、イエスを想定した「師」であるかぎり、私が試みたいと思うことは、その「師」という象りを、キリスト教的な「信仰」のみならず信からもずらすことである。いいかえれば、「師」ではなく、「師」と人の共鳴共振こそがもっとも大切である、と考えることである。「私」に唐突に到来する「呼び声」に「私」が自然に「聴き従う」こと、すなわち共鳴共振がもっとも大切である、と。その共鳴共振のなかでは、人が何を事後／潜在のテロスとして象るのかは、さきほど述べたように、一人ひとりに託された自由となる。

§「外」の思考と「声」の到来

たとえば、ブランショ、バタイユ、そしてフーコーのいう「外（outer/dehors）」の思考は、イエスという「原像」を言外にすら前提にしていないだろう。たとえば、フーコーは、一九七〇年の「外の思考」において、「外」の思考は、キリスト教的に「沈黙」を語る思考ではない、と述べている。キリスト教的な神秘思想においては、「沈黙は、聞えない、原初的な、法外な息吹であり、……言葉は、この沈黙［の息吹］に吊られ操られることで、自分を支えている支配力である」が、「外」の体験は、そうした神的な「言葉すべてが成り立つ前の状態」をむきだしにする、と。それは「言葉がたんに形なき流動であり流出である」状態である（Foucault 1994 : 537-8［フーコー 一九七八：五九 - 六一］）。

フーコーのいう「外」は、「忘却」を存立条件とする。「外」は、キリスト教をふくむ「この世界」の通念的な意味・価値の「外」であり、これこれと述定できるものではない。それは、人が欲望し意図し策謀する「自己」の思考によって生成させる境地を忘れるときに、出来する。それは、みなぎりあふれる「想像力」のなか、生々しく痛々しい「葛藤」のなかに、現れる。その「力」は、意味・価値に染まる「自己」を「忘却」しているからこそ、「はっきりとした覚醒状態」にある。その意味で「忘却は、極度の専心（attention）である」（Foucault 1994 : 538［フーコー 一九七八：六二］）。

この「外」の思考とともに「この世界」を見るなら、現代社会が煽り立てるいわゆる「競争」も「勝利」も、そしてもっともらしい「区別」も「優越」も、つまらないものに見えてくる。すべて「自己」――「私が」というときの「私」――を前提にしているからである。「外」を思考し、「この世界」の意味・価値を相対化することは、「この世界」から遁走することではない。それは、「外」によって「この世界」をいったん根底から相対化することによって、この世界を〈よりよく生きようとする〉力を醸成・喚起することである。この「外」の思考は、たんなる「良心の呼び声」と無縁ではないはずである。フーコー自身が、そのように語っていないとしても。

必要なことは、「良心の呼び声」を、キリスト教の信、カントのいう「原像」への信から切り離して語ることである。この「呼び声」をどのように語り意味づけるのか、それは、開かれた問いだろう。それは、それぞれに「私」なりの表現が可能であり、どのように表現しようとも、あくまで「私」のための表現である。私は、このように、キリスト教的な規範一般性を特異固有な出来にずらすこと、そして信に忍び込む「神」の絶対化や「自己」の実体化を感受性の広がり、交感、共鳴共振に差しもどし再着床させることを、「存在論へのとどまり」と呼ぶ（このとどまりを、ナンシーのように、「キリスト教の脱構築」と呼ぶこともできるが（Nancy 2005［ナンシー 二〇〇九］、2010［ナンシー 二〇一四］）、それは、本来のかい、キリスト教のはたらきである。我田引水ぎみにデリダを引けば、「キリスト教に到来していないもの、それは［原始］キリスト教である」といえるだろう（Derrida 1999：49［デリダ 二〇〇四：六三］）。

§ 留保の思考のかわりに

私が危惧することは、フーコーが「沈黙」と呼んだ思考、いいかえれば、留保の思考が「自己」に浸食されることである。すなわち、カント、レヴィナスのように、道徳性を信の対象が留保されたもの（suspention）と見なす思考、「神」を棚あげにし宙づりにするという思考が、「自己」の侵入によって頽落してしまうことである。留保の思考は、キリスト教の「神」への信を前提にしつつも、いかに「神」を語らずにおくか（comment ne pas dire）を考えることである。デリダの議論に見られるように、それは、「神」を知覚・表象しえない「まったくの他者」（le tout autre）と判断しつつも、その不可能性のなかの可能性、すなわちたんなる他人から「神からの呼び声」を聴こうとする試みである（Derrida 1999：110［デリダ 二〇〇四：一六一］）。この留保の思考は、たしかに信の対象の絶対化（偶像化）を避けることにつながるだろうし、具体的な愛他活動・抵抗運動としての祈りを可能にするだろう。しかし、この留保の思考が「私」自身の救済のための祈り、すなわち「自己」を前提にした祈りを前提とするなら、その本義を失い、真摯な愛他活動・抵抗活動としての祈り、たとえば、実際に公共倫理に向かう教育実践を無心に行うこと（序論参照）に、つながらなくなるだろう。「自己」は、キリスト教的な信を、たがいが融合しえない特異性のままの「一体性」の活動から、離反させるだろう。

いいかえれば、私が危惧することは、留保の思考が、あの機能的秩序の相対的拡大、すなわち人の価値の有用化・有能化、公正の規則随順化・規約遵守化という趨勢に抗えなくなってしまうことである。どのように「神」を象り、それに祈ろうとも、そこに「自己」が忍び込めば、その思考は、知覚・表象できない道徳・倫理から区別されることを徹底的に機能化する社会的趨勢、いわゆる「私事的／公共的」という区別に隠された、その趨勢に抗えないだろう。すなわち、見えないもの・語りがたいものについては、各人の私事の領域に隠し置き、各人の「自由」とし、一人ひとりが個人的に救いを求めればよいと位置づけ囲うことによって、見えるもの・語られるものについては、すなわち科学・経済・政治・法などの社会のシステムでコミュニケートされる意味・価値（真理・利益・権力・合法性など）については、どこまでも有用・有益、規則随順・規約遵守が公共的に厳しく要求される、という趨勢に抗えないだろう。それは、つまり「外」の思考の排除であり、留保の思考の頽落であろう。

こうした懸念のなかで私が提案したことは、存在論的思考へのとどまり、すなわち、共存在の交感（共鳴共振）論で思考することである。人が〈よりよく生きようとする〉かぎり、斜に構えようが、シニシズムに陥ろうが、テロスに向かうことは避けられない。考えるべきことは、形而上学的に語られてきたその内実ではない。何を契機にそうするのかである。カントも、さかのぼればパウロも、だれかに共鳴共振することを契機として思考した（パウロのいう「プネウマ」は共鳴共振のこととも考えられる［田中 二〇一七］）。そして、そのだれかについての驚異・驚嘆・絶句という経験が、「隠れたる神」という象り、また「神よ……」という祈りを生んできた。その「神」に向かう象りと祈りはつねに、向かう先の「神」への疑いをともなう問い、すなわち「何が神と呼ばれるのか」と一体であった。しかし、私にになえることは、そうした象りと祈りと問いではなく、自・他の共鳴共振はどのように生成するのか、である。私は、その主要なエレメントを感受性の広がり、交感と見さだめた。人は、この感受性の広がりのなかで、異他と交感し、知らぬまに「自己」を凌駕し、時ならぬときにだれかに激しく共鳴共振し、あたかも「呼び声」を聴いたかのように感じる、と考えた。

　この共存在の交感論は、「実証・論証」による確実性、「啓示」による信のかわりに、「良心の呼び声」による信すなわち交感、共鳴共振を提案する。その「呼び声」は、「啓示」から区別される超越性の現れであり、その誘いである。その実体はわからないが、そのはたらきはわかる。それは、通念的な意味・価値の「外」、すなわち感受性の広がりを黙示することで、人びとの無条件のつながりを暗示する。それが「共存在」と呼ばれる状態であり、「みんなのもの」したがって「だれのものでもない」、あの公共善を想像するための存在論的基礎である。「良心の呼び声」がこの社会の通念的な意味・価値に回収されてしまえば、人びとは孤立し、公共善を想像できなくなるだろう。

　あの象りにも祈りにも問いにも向かわない人は、〈人は共鳴共振によってどこに向かうのか〉、〈そもそもだれ（何）に共鳴共振するのか〉といった問いを立ててはいけない。第一に、この共鳴共振の出来が、一人ひとりに固有で特異だからであり、あの声を受容する力が当人にのみ潜在しているからである。その意味で、人が向かうところは、当人に「潜在的」であると、形容できるだろう。第二に、この共鳴共振の内実が、人生の歩みとともに豊かに形容されて具現されてゆくからである。その意味で、人の生が向かうところは、「事後的」によりよく象られるだろう。さきに述べた「事後／潜在のテロス」という言葉は、こういう意味で用いられている。ちなみに、このように考えるなら、リンギスが現代社会の現実を憂いかかげた問い、「私たちは、神を象ろうとする衝動の消滅を悔いるべきか」（Lingis 2004：159［リンギス 二〇〇六：二〇七］）という問いは、要らなくなるだろう。

§ 根本概念としての共存在と超越性

ようするに、現代社会における教育学が必要とする根本概念は、少なくとも共存在と超越性である。「卓越」を機能的有能性に縮減したり、「公正」を規則随順性に矮小化したり、「公共財」を私益追求の手段に貶めたり、「信じる」ことを他者依存に転倒させたりする風潮があるなかで、敢えて、古めかしい哲学思想のなかから、教育思想として析出されるものが、この二つの概念である。

教育における共存在は、人が人、生きもの、大いなる自然と交感している（「直観する」）ことである。人が人にもっとも深く教わるということは、人が人に共鳴共振することであり、この共鳴共振を可能にするものが、私たちのもっている感受性の広がり、交感である。教えられる内容、教える人自身に、学ぶ人が交感し、共鳴共振しなければ、「問い」に向かい続ける「学び」は生じない。したがって、いかなる権威も、いかなる畏敬も、いかなる創造性も、生じない。そして、学ぶ人に固有なる事後／潜在のテロスも生じない。ただし、それでも、そのテロスは、その人のなかに潜在するだろう。

教育における超越性は、カントのいう「原像」を想起させるが、それからずれる事後／潜在のテロスの存立契機であり、超越はそこに、おのずから共鳴共振しつつ向かう（「道徳的に自律する」）ことである。それは、「良心の呼び声」に聴き従うことであり、通念の意味・価値で構成される規約・制度の「外」、ようするに「この世界」の「外」に臨むことである。もっと具体的にいえば、いつか到来する「私」の死と「あなた」の死を想いつつともに生きること、〈よりよく生きる〉を問い続けながらそうすること、である。キリスト教思想においてそうした生存様態は、古くから「アガペー」（無条件の愛）と呼ばれてきたが、非キリスト者がそれをどのように呼び象るかは、まったくではないが、自由といえるだろう。

そして、こうした教育における共存在と超越性は、教育の再理念化を可能にするだろう。すなわち、旧来の「人間形成」「陶冶」「人格形成」といった教育学的教育理念が前提にしてきた「完全性」という事前のテロスを置かずに、教育を理念化できるだろう。私の提案は「自己創出への支援」である。自己創出は、ルーマンのいう「オートポイエーシス」（autopoiesis）の翻訳であり、したがってその「自己」は、いわゆる「セルフ」（self）つまり「エゴ」（ego）ではない。それは、「おのずから」を意味する。この自己創出への「支援」は、共存在すなわち交感（とくに共鳴共振）を前提にし、その創出する人も支援する人も、それぞれ何らかの事後／潜在のテロスに向かうベクトルである。

私は、ハイデガーの「何が思考と呼ばれるのか」をまねて、「何が教育思想と呼ばれるのか（を呼びさますのか）」という問いを立てた。私は、存在論的思考にとどまりつつも、底知れぬ深みをもつキリスト教思想にできるかぎり近づきながら、ささやかながらもそれをずらすという、綱渡りのような解釈を積み重ねてきた。それでも、「教育思想」と呼ばれるもの（を呼びさますもの）は、共存在と超越性に向かう存在論的思考である、と述べることはできるだろう。こうした議論は、もっともらしさや俯瞰可能性からもっとも縁遠い、たんなる喚起の契機としてのディスクール（道外れ）である。

SMK = "Die Stellung des Menschen im Kosmos," SGW 9.［シェーラー 2012 亀井裕・山本達訳『宇宙における人間の地位』白水社］

Thomas Aquinas 2006 *Thomas Aquinas, De Ecclesiae Patribus Doctoribusque, Ecclesiae Doctores, Documenta Catholica Omnia*. Cooperatorum Veritatis Societas.［www.documentacatholicaomnia.eu］［**TA** と略記］

EE = De Ente et Essentia, TA, 1225-1274 Thomas Aquinas, Sanctus.［トマス・アクィナス 2012 稲垣良典訳注『在るものと本質について』知泉書館］

Tillich, Paul 1988-98 *Main Works / Hauptwerke*, ed. / hrsg. v. Carl Heinz Ratschow. Berlin / New York : De Gruyter - Evangelisches Verlagswerke.［**MW/HW** と略記］［ティリッヒ 1999『ティリッヒ著作集』全 10 巻 白水社］

LPJ = *Love, Power, Justice*, MW/HW 3.［ティリッヒ 1999 大木英夫訳「愛、力、正義」『ティリッヒ著作集』9 白水社］.

CB = *The Courage to Be*, MW/HW 5.［ティリッヒ 1999 大木英夫訳「生きる勇気」『ティリッヒ著作集』9 白水社］.

DF = "Dynamics of Faith," MW/HW 5.［ティリッヒ 1999 大宮溥訳「信仰の本質と変化」『ティリッヒ著作集』6 白水社］.

（注：引用文献は、205 ページが先頭）

下栄一郎訳『存在の神秘』春秋社]
Marion, Jean-Luc 2010（2001）*De Surcroît.* Paris : Presses Universitaires de France（Quadrige）.
Marion, Jean-Luc 2010 *Certitudes négatives.* Paris : Bernard Grasset.
Marion, Jean-Luc 2016 *Giveness and Revelation.* Oxford / New York : Oxford University Press.
Minkowski, Eugene 1927 *La Schizophrénie : Psychopathologie des schizoïdes et des schizophrènes.* Paris: Payot.［ミンコフスキー 1991 村上仁訳『精神分裂症』改版』みすず書房］
Nancy, Jean-Luc 1990 *Une Pensée finie.* Paris: Éditions Galilée.［ナンシー 2011 合田正人訳『限りある思考』法政大学出版局］
Nancy, Jean-Luc 1996 *Être singulier pluriel.* Paris : Éditions Galilée.
Nancy, Jean-Luc 2005 *La Déclosion*（*Déconstruction du christianisme, 1*）. Paris : Éditions Galilée.［ナンシー 2009 大西雅一郎訳『キリスト教の脱構築 1』現代企画室］
Nancy, Jean-Luc 2010 *L'Adoration*（*Déconstruction du christianisme, 2*）. Paris: Éditions Galilée.［ナンシー 2014 メランベルジェ眞紀訳『アドラシオン —— キリスト教的西洋の脱構築』新評論］
Nietzsche, Friedrich 1999 *Friedrich Nietzsche sämtliche Werke : Kritische Studienausgabe*, in 15 Bdn. Berlin and New York: Walter de Gruyter.［**KS** と略記］［ニーチェ 1979 - 87 浅井真男・薗田宗人ほか訳『ニーチェ全集』第 I 期 12 巻、第 II 期 12 巻 白水社］
M = "Morgenröte," KS 3.［ニーチェ 1980 氷上英廣訳「曙光」『ニーチェ全集』I・9］
JGB = *Jenseits von Gut und Böse*, KS 5.［ニーチェ 1983 吉村博次訳「善悪の彼岸」『ニーチェ全集』II・2］
GM = *Zur Genealogie der Moral,* KS 5.［ニーチェ 1983 秋山英夫・浅井真男訳「道徳の系譜」II・3］.
NF 1885-7 = *Nachgelassene Fragmente*, 1885-7, KS, 12.［ニーチェ 1984 三島憲一訳「残された断想（1885 年秋 - 87 年秋）」『ニーチェ全集』II・9］.
OECD 2016 *Education at a Glance 2016OECD indicators.* Paris: OECD.［OECD 2016「日本 カントリーノート —— 図表でみる教育 2016 年版」OECD］.
Pascal, Blaise 1976 *Pensées : Texte établii par Léon Brunschvicg*, Paris : Flammarion.［パスカル 1973 前田陽一・由木康訳『パンセ』中央公論社］
Peters, Michael A.eds. 2017 *Encyclopedia of Educational Philosopy and Theory.* Berlin: Springer.
Scheler, Max 1986 *Max Scheler Gesammelte Werk*, 15 Bdn. Bern/München : Francke.［**SGW** と略記］［シェーラー 2002 飯島宗享・小倉志祥・吉沢伝三郎編『シェーラー著作集』全 15 巻 白水社］
WFS = "Wesen und Formen der Sympathie," SGW 7.［シェーラー 2002 飯島宗享・青木茂・小林茂訳「同情の本質と諸形式」『シェーラー著作集』8 白水社］

RGV = *Die Religion innerhalb der Grenzen der bloßen Vernunft*, W8. ［カント 2000 北岡武司訳「たんなる理性の限界内の宗教」『カント全集』10 岩波書店］

KU = *Kritik der Urteilskraft*, W 10.［カント 2015 熊野純彦訳『判断力批判』作品社］

WA = Beantwortung der Frage : Was ist Aufklärung?, W11. ［カント 2000 福田喜一郎訳「啓蒙とは何か」『カント全集』14 岩波書店］

Ap = *Anthropologie in pragmatischer Hinsicht*, W12.［カント 2003 渋谷治美訳「実用的見地における人間学」『カント全集』15 岩波書店］

UP = *Über Pädagigik*, W12.［カント 2001 加藤泰史訳「教育学」『カント全集』17 岩波書店］

Le Goff, Jacques 1999 *Saint François d'Assise*. Paris : Gallimard.［ルゴフ 2010 池上俊一・梶原洋一訳『アッシジの聖フランチェスコ』岩波書店］

Levinas, Emmanuel 2003（1971）*Totalité et infini : essai sur l'exteriorite*, 4e edn. Paris : Librairie générale française（Martinus Nijhoff).［レヴィナス 1989 合田正人・松丸和弘訳『全体性と無限』国文社］

Levinas, Emmanuel 2010（1991）*Entre nous : Essais sur le penser-à-l'autre*. 5 édn. Paris : Librairie générale française（Éditions Grasset et Fasquelle).［レヴィナス 1993 合田正人・谷口博史訳『われわれのあいだで』法政大学出版会］

Levinas, Emmanuel 2013（1978）*Autrment qu'être : ou au-delà de l'essence*, 8 édn. Paris : Librairie générale française.（Martinus Nijihoff).［レヴィナス 1999 合田正人訳『存在の彼方へ』講談社］

Lingis, Alfonso 1994 *The Community of Those Who have Nothing in Common*. Bloomington : Indiana University Press.［リンギス 2006 野谷啓二訳『何も共有していない者たちの共同体』洛北出版］

Lingis, Alphonso 2004 *Trust*. Minneapolis, MN : University of Minnesota Press.［リンギス 2006 岸本正恵訳『信頼』青土社］

Luhmann, Niklas 2000（1973）*Vertrauen : Ein Mechanismus der Reduktion sozialer Komplexität*. Stuttgart : Lucius & Lucius.［ルーマン 1990 大庭健・正村俊之訳『信頼――社会的な副財政の縮減メカニズム』勁草書房］

Luther, Martin 1883-1929 *D. Martin Luthers Werke : Kritische Gesamtausgabe, Abteilung 1, Schriften*, 56 Bds. Weimar: Verlag Hermann Böhlaus Nachfolger.［**WA** と略記］［ルター 1964 -『ルター著作集』第 1 集全 12 巻、第 2 集全 12 巻 聖文舎］

FC = "Von der Freiheit eines Christenmenschen," WA, Bd. 7.［ルター 1963 山内宣訳「キリスト者の自由」『ルター著作集』第 1 集 2 聖文舎］

Marcel, Gabriel 1949 *Le Mystère de être*, 2 vols. Paris : Aubier.［マルセル 1977 松浪信三郎・掛

1998『神に代わる人間 ―― 人生の意味』法政大学出版局]

Foucault, Michel 1994 "La Pensée du dehors," *Dits et écrits*, I, No. 38, Paris: Gallimard.［フーコー 1978 豊崎光一訳「外の思考」『外の思考』朝日出版社］

Frankl, Viktor 1975 *Der leidende Mensch*, Bern: Huber.［フランクル 2004 山田邦男・松田美佳訳『苦悩する人間』春秋社］

Garrison, Jim 1997 *Dewey and Eros*. New York : Teachers College Press.

Heidegger, Martin 1975- *Martin Heidegger Gesamtausgabe*. Frankfurt am Main : Vittorio Klostermann.［**GA** と略記］［ハイデッガー 1985 - 辻村公一／茅野良男／上妻精／大橋良介／門脇俊介ほか訳『ハイデッカー全集』全 102 巻（予定）創文社.

WD = "Wozu Dichter ?, " GA 5.

FT = *Die Frage nach der Technik*, GA 7.［ハイデッガー 2013 関口浩訳「技術への問い」『技術への問い』平凡社］

UM ="Überwindung der Metaphysik," GA 7.［ハイデッガー 2013 関口浩訳「形而上学の超克」『技術への問い』平凡社］

WhD = *Was heißt Denken ?*, GA 8.

BH ="Brief über den Humanismus," GA 9.［ハイデッガー 1997 渡邊二郎訳『「ヒューマニズム」について』筑摩書房］

SG = *Der Satz vom Grund*, GA 10.

ID = *Identität und Differenz*, GA Bd. 11.

GM = *Die Grundfrage der Metaphysik*, GA 40.［ハイデッガー 2000 岩田靖夫・ハルトムート ブフナー訳『形而上学入門』『ハイデッガー全集』40 創文社］

Iwanicka, Katarzyna / Dubas, Marek 1983 *Wojna w oczach dziecka : The War through a Child's Eyes*. Warszawa : Krajowa Agencja Wydawnicza.［イヴァニツカ・カタジナ／ドバス・マレク編 1985 青木進々・鈴木さとる訳『子どもの目に映った戦争 ―― 第二次世界大戦ポーランド』グリーンピース出版会］

Kant, Immanuel 1974 *Immanuel Kant Werkausgabe*, 12 Bdn. Frankfurt am Main : Suhrkamp Taschenbuch Verlag.［**W** と略記］［カント 1999 - 2006 坂部恵・有福孝岳・牧野英二編『カント全集』全 22 巻 岩波書店］

KrV = *Kritik der reinen Vernunft*, W 3/4.［カント 2013 石川文康訳『純粋理性批判』上・下 筑摩書房］

KpV = *Kritik der praktischen Vernunft*, W 7.［カント 2000 坂部恵・伊古田理訳「実践理性批判」『カント全集』7 岩波書店］

MS = *Die Metaphysik der Sitten*, W 8.［カント 2002 樽井正義・池尾恭一訳「人倫の形而上学」『カント全集』11 岩波書店］

Bergson, Henri 2009 *La Pensée et le mouvant.* Paris : Presses Universitaires de France（Quadrige).
［ＰＭと略記］［ベルクソン 2000 宇波彰訳『思考と動動』第三文明社］
Bergson, Henri 2009 *L'Évolution créatrice.* Paris : Presses Universitaires de France（Quadrige).
［ＥＣと略記］［ベルクソン 2010 合田正人・松井久訳『創造的進化』筑摩書房］
Biesta, Gert 2010 *Good Education in an Era of Measurement.* Boulder, CO/London: Paradigm Publishers.［ビースタ 2016 藤井浩之・玉木博章訳『よい教育とはなにか』現代書館］
Biesta, Gert 2013 *Beautiful Risk of Education.* Boulder, CO/London : Paradigm Publishers.［ビースタ 近刊 田中智志・小玉重夫監訳『教育の美しい危うさ』東京大学出版会］
Bollnow, Otto F. 2009- *Otto Friedrich Bollnow Schriften: Studienausgabe,* 12 Bdn. Wörzburg: Königshausen & Neumann.［**BS** と略記］
E = *Die Ehrfurcht,* BS 2.［ボルノー 2011 岡本英明訳『畏敬』玉川大学出版部］
Braunmühl, Ekkehard von 1975 *Antipädagogik.* Leipzig : Tologo Verlag.
Brunn, Emile zum/Libera, Alain de 1984 *Maître Eckhart.* Paris: Beauchesne.［ブルン、リベラ 1985 大森正樹訳『マイスター・エックハルト』国文社］
Caputo, John D. 2006 *The Weakness of God.* Bloomington : Indiana University Press.
Crowe, David M. 2004 *Oskar Schindler.* Cambridge, MA : Westview Press.
Derida, Jacques 1999 *Donner la mort.* Paris : Éditions Galilée.［デリダ 2004 廣瀬浩司・林好雄訳『死を与える』筑摩書房］
Derrida, Jacques 2001 *Foi et savoir.* Paris : Éditions Galilée.［デリダ 2016 湯浅博雄・大西雅一郎訳『信と知』未来社］
Deleuze, Gilles 1965 *Nietzsche.* Paris : Presses Universitaires de France.［ドゥルーズ 1984 湯浅博雄訳『ニーチェ』朝日出版社］
Deleuze, Gille 1968 *Defférence et répétition.* Paris : Presses Universitaires de France.［ドゥルーズ 1992 財津理訳『差異と反復』河出書房新社］
Dewey, John 2008 *The Collected Works of John Dewey*, 1882-1953. ed., Jo Ann Boydston. Carbondale, IL: Southern Illinois University Press.［**CW** 略記 Early Works = ew / Middle Works = mw / Later Works = lw］
DE = *Democracy and Education*, CW, mw. 9.
EN = *Experience and Nature*, CW, lw. 1.
PIP = *The Public and Its Problems*, CW, lw. 2.
QC = *The Quest for Certainity*, CW, lw. 4.
CF = *Common Faith*, CW, lw. 9.
AE = *Art as Experience*, CW, lw. 10.
Ferry, Luc 1996 *L'Homme-Dieu ou le Sens de la vie.* Paris : Éditions Grasset & Fasquelle.［フェリー

Alexander, Thomas M.　2013a　"Introduction," Dewey, John *A Common Faith*, 2nd edn. New Haven/London : Yale University Press.

Alexander, Thomas M.　2013b　*The Human Eros : Eco-Ontology and the Aesthetic of Existence.* New York : Fordam University Ptress.

Arendt, Hannah　2006（1963）*Eichmann in Jerusalem : A Report on the Banality of Evil.* London/ New York : Penguin Random House［アーレント 2011（1969）大久保和郎訳『イェルサレムのアイヒマン』みすず書房］

Augustinus, Aurelius　2006　*Augustinus, Ecclesiae Patrogia Latina, De Ecclesiae Patribus Doctoribusque, Documenta Catholica Omnia.* Cooperatorum Veritatis Societas.［www.documentacatholicaomnia.eu］［**AO** と略記］［アウグスティヌス 1979 -『アウグスティヌス著作集』全 30 巻（未完結）教文館］

M = "De Magistro," MPL 32.［アウグスティヌス　1979　茂泉昭男訳「教師」『アウグスティヌス著作集』2 教文館］

DvDl = *Devidendo deo liber, seu Epistola CXLVII*（*Epistolae 147*）, MPL. 33.［アウグスティヌス 2003　菊池伸二訳「神を見ること、あるいは手紙 147」『アウグスティヌス著作集』27 教文館］

VR ="De Vera Religione," MPL 34.［アウグスティヌス　1979　茂泉昭男訳「真の宗教」『アウグスティヌス著作集』2 教文館］

EP = *Enarratio in Psalmum*, AO, MPL 37.

S 2 = *Sermones 2: de Novo Testamento*, AO, 0354-0430 Augustinus, Sanctus［アウグスティヌス　2009　田内千里・上村直樹訳「パウロの手紙説教」『アウグスティヌス著作集』26 教文館］

Bauman, Zygmunt　2000［1989］*Modernity and the Holocaust.* Cambridge / Malden, MA : Polity Press.［バウマン 2006 森田典正訳『近代とホロコースト』大月書店］

Bauman, Zygmunt　2000　*Liquid modernity.* Cambridge / Malden,　MA : Polity Press.［バウマン 2001　森田典正訳『リキッド・モダニティ』大月書店］

Bauman, Zygmunt　2004　*Identity.* Cambridge / Malden, MA : Polity Press.［バウマン 2007　伊藤茂訳『アイデンティティ』日本経済評論社.

Bauman, Zygmunt　2005　*Liquid Life.* Cambridge / Malden, MA : Polity Press.［バウマン 2008 長谷川啓介訳『リキッド・ライフ――現代における生の諸相』大月書店］

Bauman, Zygmunt　2008　*The Art of Life.* Cambrtidge / Malden, MA : Polity Press.［バウマン 2009　山田昌弘訳『幸福論――"生きづらい時代の社会学"』作品社］

Bauman, Zygmunt　2010　*44 Letters from the Liquid Modern World.* Cambridge / Malden, MA : Polity Press.［バウマン 2013　酒井邦秀訳『リキッド・モダニティを読み解く』筑摩書房］

相良　亨　1995　『こころ ―― 一語の辞典』三省堂.
佐藤愛子　2016　『九十歳。何がめでたい』小学館.
澤野雅樹　2016　『絶滅の地球誌』講談社.
篠原助市　1970　『批判的教育学の問題』明治図書出版.
志村ふくみ　2012　『晩禱 ―― リルケを読む』人文書院.
下村寅太郎　1990　「アッシジのフランシス研究」『下村寅太郎著作集』(3) みすず書房.
杉原幸子　1994　『新版 6 千人の命のビザ』大正出版.
田中智志　2017　『共存在の教育学 ―― 愛を黙示するハイデガー』東京大学出版会.
中島義道　2014　『反〈絆〉論』筑摩書房.
廣松　渉　1979　『もの・こと・ことば』勁草書房.
橋本美保／田中智志（編）　2015　『大正新教育の思想 ―― 生命の躍動』東信堂.
福田正治　2010　『共感 ―― 心と心をつなぐ感情コミュニケーション』へるす出版.
松村克己　1975　『根源的論理の探究 ―― アナロギア・イマギニスの提唱』岩波書店.
松山康國　2003　『風についての省察 ―― 絶対無の息づかいをもとめて』春秋社.
三木　清　1966-8　『三木清全集』全 20 巻 岩波書店.［**著作集**と略記］
　　構想力 =「構想力の論理」著作集 8
宮崎　駿　1996　『出発点 ――1979-1996』スタジオジブリ.
宮崎　駿　2002　『風の帰る場所 ――ナウシカから千尋までの軌跡』ロッキング･オン社.
宮崎　駿　2013　『続・風の帰る場所 ―― 映画監督・宮崎駿はいかに始まり、いかに幕を引いたのか』ロッキング・オン社.
矢野智司　2002　『動物絵本をめぐる冒険』勁草書房.
矢野智司　2016　「子ども論の生命論的転回のほうへ」佐藤学ほか編『変容する子どもの関係』岩波書店.
山下秀雄　1986　『日本のことばとこころ』講談社.
山田邦男　2013　『フランクルとの〈対話〉』春秋社.
鷲田清一　1996　『じぶん・この不思議な存在』講談社.
鷲田清一　1998　『顔の現象学』講談社.
鷲田清一　2001　『〈弱さ〉のちから』講談社.
鷲田清一　2011　『「ぐずぐず」の理由』角川学芸出版.
鷲田清一　2013　『〈ひと〉の現象学』筑摩書房.

＊

引用文献

糸賀一雄　1968　『福祉の思想』NHK出版.
稲垣良典　2013　『トマス・アクィナス「存在」の形而上学』春秋社.
内田　樹　2004　『他者と死者 ―― ラカンによるレヴィナス』海鳥社.
宇野邦一　2004　「夏、感じること」『破局と渦の考察』岩波書店.
大森荘蔵　2011　「自分と出会う」飯田隆ほか編『大森荘蔵セレクション』平凡社.
岡田敬司　2002　『教育愛について ―― かかわりの教育学〈3〉』ミネルヴァ書房.
加藤尚武　2000　『子育ての倫理学 ―― 少年犯罪の深層から考える』丸善.
金子晴勇　1985　『恥と良心』教文館.
金子晴勇　2012　『キリスト教霊性思想史』教文館.
金子晴勇　2016　『キリスト教人間学入門 ―― 歴史・課題・将来』教文館.
河波　昌　2003　「仏教における「平等」概念について」『形相と空』春風社.
木村　敏　1983　『自分ということ』第三文明社.
木村　敏　1988　『あいだ』弘文堂.
木村　敏　2001　『木村敏著作集』全7巻 弘文堂.［**著作集**と略記］
自覚 =「自覚の精神病理」著作集 1
偶然性 =「偶然性の精神病理」著作集 7
木村　敏　2005　『関係としての自己』みすず書房.
酒井　健　2001　『バタイユ 聖性の探究者』人文書院.
坂部　恵　1983　『「ふれる」ことの哲学 ―― 人称的世界の根底』岩波書店.
坂部　恵　2007　『坂部恵集』全5巻 岩波書店.［**集**と略記］
おもて =「〈おもて〉の境位」集 3
かげ =「「かげ」についての粗描」集 3
あらわれ =「あらわれと Copula 」集 3

あとがき

本書は、二〇一六年度後期の早稲田大学教育学部における授業（講義）「教育思想研究II」の「講義ノート」に加筆したものです。貴重な機会を与えてくれた藤井千春教授に、心から感謝いたします。母校で、しかも自分がかつて受けた授業を担当するというのは、いろいろな想いが交錯するのかな、と想っていましたが、実際は、そんな感慨にふけるひまなどなく、毎週、当日の明け方までかけて、講義ノートを作ることに専心していました。それでも、たいしたものはできず……。つたなく粗い話を、睡魔に誘われつつも、辛抱強く聴いてくれた受講生のみなさんに、心から敬意を表します。

本書の執筆は、二〇一六年秋に一藝社の社長、菊池公男氏から、お話をいただき、お受けしたことがきっかけでした。共同監修者や編者として同社の「新・教職課程シリーズ」にかかわっていくなかで、できるだけわかりやすく教育学的存在論の考え方を示したい、と想うようになっていました。

「現実の自分」と「理想の自分」の乖離が「心の病」を生みだすと、語られています。今は、万人が「自分らしさ」を求める時代で、みんな「肥大した自我」をもっているが、その肥大した自我は、現実の「貧相な自分」に耐えられず、折りあいがつけられず、云々、といわれ、「自分を取るに足らない存在であると認めることは難しいが、大切なことだ」と、諭されます。

こうした説諭は、もっともらしく聞こえますが、私が採る考え方ではありません。こうした考え方は、根本的に想像されるべきこと、〈よりよいこと〉を想像していないだけではないのか、と思います。「現実の自分」と「理想の自分」をともに貫くような「事前／潜在のテロス」に向かっていないだけではないか、他者を支え援ける「主体化」に向かっていないだけではないか、と。

私がふだん読んでいる本の著者の多くは、千年以上前のキリスト者です。彼らは、つねにテロスを求めていました。しかし、私たちの多くは、彼らのように、超越者を象ることも彼に向かって祈ることもできないだろうと思います。そうした人はどうしたら「テロス」を希みうるのか、と考えていました。本書でカントを取りあげたのも、この答えをさがす知恵をもらうためでした。

本書は、本書と同時期に刊行されるはずの『共存在の教育学――愛を黙示するハイデガー』（東京大学出版会）と、近々入稿する予定の『超越性の教育学――架橋する比喩と交感する心情』（仮題）の内容を一つにまとめ、別の角度から描きなおそうと、努めてみたものです。私にとって、「共存在」と「超越性」は、とても重要な概念で、それぞれ「愛」と「信」に通じています。

なお、引用文献のうち、邦訳書がある場合は、それを並記しましたが、訳文については、議論の方向に沿って適宜、私訳に変更させていただきました。ご寛容いただければと思います。また、文献一覧に全集名を並記しましたが、別途、記載しておきましたように、かならずしも全集所収の訳書を用いていない場合があります。あわせてご了解いただければと思います。

末尾ながら、編集の労をおとりいただいた松澤隆さんに、心より感謝いたします。

二〇一七年六月一〇日

田中智志

著者紹介

田中 智志
(Tanaka Satoshi)

専攻：教育学（教育思想史・教育臨床学）
現職：東京大学大学院教育学研究科教授
1958年、山口県生まれ。早稲田大学大学院文学研究科博士後期課程単位取得満期退学。博士（教育学）東京大学。

著書として、『ペダゴジーの誕生』（編著、多賀出版 1999）、『他者の喪失から感受へ——近代の教育装置を超えて』（勁草書房 2002）、『〈近代教育〉の社会理論』（森重雄と共編著、勁草書房 2003）、『教育学がわかる事典』（日本実業出版社 2003）、『教育人間論のルーマン——人間は教育できるのか』（山名淳と共編著、勁草書房 2004）、『教育の共生体へ——Body Educationalの思想圏』（編著、東信堂 2004）、『臨床哲学がわかる事典』（日本実業出版社 2005）、『人格形成概念の誕生——近代アメリカ教育概念史』（東信堂 2005）、『グローバルな学びへ——協同と刷新の教育』（編著、東信堂 2007）、『キーワード 現代の教育学』（今井康雄と共編著、東京大学出版会 2009）、『教育思想のフーコー——教育を支える関係性』（勁草書房 2009）、『社会性概念の構築——アメリカ進歩主義教育の概念史』（東信堂 2009）、『学びを支える活動へ——存在論の深みから』（編著 東信堂 2010）、『プロジェクト活動——知と生を結ぶ学び』（橋本美保と共著 東京大学出版会 2012）、『教育臨床学——〈生きる〉を学ぶ』（高陵社書店 2012）、『大正新教育の思想——躍動する生命へ』（橋本美保と共編著 東信堂 2015）、『共存在の教育学——愛を黙示するハイデガー』（東京大学出版会 2017）など。

装丁――アトリエ・プラン

何《なに》が教育思想《きょういくしそう》と呼《よ》ばれるのか ──共存在《きょうそんざい》と超越性《ちょうえつせい》──

2017年7月20日　　初版第1刷発行

著　者　　田中　智志

発行者　　菊池　公男

発行所　　株式会社 一 藝 社
〒160-0014 東京都新宿区内藤町1－6
TEL 03-5312-8890
FAX 03-5312-8895
振替　東京 00180-5-350802
E-mail : info@ichigeisha.co.jp
HP : http://www.ichigeisha.co.jp

印刷・製本　　亜細亜印刷株式会社

ISBN 978-4-86359-127-1 C3037